금림 역사 총서

우리나라 직업사전

근대 2

강예달 지음

글쓴이

강예달

단국대학교 역사학과 학사 졸업.

성균관대학교 사학과 조선시대사 전공 석사 졸업.

우리나라 역사를 쉽고 재미있게 전달하는 역사 책을 제작하는 작가이자 금림출판사를 운영하고 있으며 역사를 전달하는 사람이 되고자 매일 공부와 연구를 하고 있다. 역사의 새로운 장르를 만들고 역사의 진중함을 그대로 전달하고자 노력하고 있다.

책을 펴내며

우리나라 역사 속에는 다양한 이야기가 담겨 있다. 이야기에 등장하는 인물들은 모두 '직업'이 있다. 그렇다면 과연 우리나라는 언제부터 직업이 있었을까? 기록에 따르면 '직업'은 상고시대부터 존재했다. 신분이 구분되고, 신분 내에 역할이 나뉘면서 자신의 위치를 상징화할 명칭이 필요했다. 이 명칭이 현재의 직업와 동일한 역할을 했다. 상고시대부터 조선시대까지 직업은 귀족과 평민, 하층민으로 나뉜다. 귀족은 관직으로 불리고, 평민과 하층민은 특별한 직업이 아니면 농업과 어업 등 업무에 따라 직업명이 정해졌다.

직업의 변천사가 가장 격동적이었던 시기는 19세기~20세기다. 이때는 흥선대원군 집권시기부터 일제강점기로, 매일 새로운 사건이 생기고 사건을 해결하기 위해 기관이 설치되었다. 특히 일본이 조선을 정복하려고 설치한 기관들은 매일 설치되다시피 했기 때문에 그 어떤 시기보다 제일 단기간에 많은 기관들이 설치되었다. 이 기관들은 조선을 침략하기 위해 설치되었고, 이들의 만행을 막기 위해 조선 내 독립운동가들도 여러 기관 또는 모임을 만들어 대응했다.

수 백가지나 되는 사건들 속에 우리나라에 설치된 수 백개의 기관들을 통해 근대의 모습을 살펴보며 이 기관들이 현재의 기관들과 어떤 공통점이 있는지 찾아보는 좋은 기회가 되길 바란다.

2024년 10월 강예달이 쓰다.

목차

책을 펴내며

1	일제강점기 시초	7
2	일제강점기	33
3	조선총독부	51
	조선총독부 설치 과정	53
	조선총독부의 소속 5부	64
	1919년~1945년 오부의 후속 기구	79
4	조선총독부 기관 1	105
	법률과 관련 기관	107
	경찰 관련 기관	109
	통신 관련 기관	116
	토지와 세금 관련 기관	119
	벌목 관련 기관	122

5	**조선총독부 기관 2**	**131**
	광업소	133
	가축 관련 기관	140
	양성 기관	143
	심판소	151
	기타 기관	153
6	**대한민국 임시정부**	**157**
	광업소	159
	대한민국임시정부 소속 기관	163
	대한민국임시정부 소속 외국 기관	182
7	**독립운동단체**	**189**
	국내 독립운동단체	191
	여성 독립운동단체	213
	해외에서 활동한 독립운동단체	219
8	**참고 문헌**	**227**

1

일제
강점기
시초

일제강점기의 시초

1890년대, 극동에서 세력을 확장한 러시아는 청과 군사비밀협정을 맺으며 시베리아 철도가 만주를 통과하는 권리를 획득했다. 만주 일대에 철도를 설치한 러시아는 만주를 통해 대한제국에 침투하기 시작했다. 대한제국을 점령할 목적을 가진 일본은 러시아의 세력 확장에 큰 위협을 느끼고 러시아와 협상을 추진할 수밖에 없었다. 이에 1898년 양국 모두 대한제국의 내정에 간섭하지 않으며 러시아는 대한제국에 대한 일본의 사업 및 공업상 침투를 방해하지 않는다는 니시로젠 협정을 체결했다. 협정을 맺었음에도 일본은 러시아를 견제하기 위해 1902년 러시아와 대적하던 영국과 동맹을 맺었다. 이때 영국은 청에 있어서의 이권을 일본으로부터 승인받았고, 일본은 대한제국에의 특수 이익을 승인받았다.

   하지만 대한제국을 사이에 둔 일본과 러시아의 갈등은 조율이 되지 않았고, 결국 1904년에 두 나라는 대한제국 지배권을 두고 전쟁을 일으켰다. 약 2년간 이어진 전쟁의 승자는 일본이었다. 일본은 러일전쟁에서 승리한 후 1905년 9월 대한제국에 대한 우월적인 지도와 보호 및 감독의 권한을 인정받는 포츠머스 조약을 러시아와 체결하며 본격적으로 대한제국의 내정에 간섭하기 시작했다. 같은 해 11월에 한국과 을사조약을 강제로 체결한 일본은 조항에 한국황제폐하의 궐하에 통감 1명을 두고 통감이 전적으로 외교에 관한 사항을 관리하며 한성에 상주하면서 한국황제폐하를 내알하는 관리를 가진다는 내용을 넣어 외교권을 빼앗고 한국을 완전히 병탄시킬 감독기관 통감부統監府를 설치할 근거를 마련했다.[1]

---
[1] 한국은 대한제국의 줄임말이다.

통감부

일본은 1905년 11월 22일 한국에 통감부 및 이사청理事廳을 설치하는 건을 공포하여 한성에 통감부를 설치하고 이사청을 한성, 인천, 부산, 원산, 진남포鎭南浦, 목포木浦, 마산馬山 등지에 설치하여 한국을 통제할 기반을 세웠다.[2] 통감부 직원은 친임관親任官[3] 통감統監 1명과 친임관 부통감副統監 1명, 칙임관 총무장관總務長官 1명, 칙임관 또는 판임관 농상공무총장農商工務總長 1명, 칙임관 경무총장警務總長 전임 1명, 주임관 비서관 전임 1명, 서기관 전임 7명, 경시警視 전임 2명, 기사 전임 5명, 통역관 전임 10명, 판임관 경부警部 전임 45명, 기수 전임 45명, 통역생通譯生 전임 45명이 있다.[4]

이어 12월 20일에 통감부 및 이사청 관제를 공포하여 일본의 추밀원의장樞密院議長[5] 이토 히로부미伊藤博文(1841-1909)를 초대 통감으로 삼았고 1907년 9월 19일 통감부 관제를 개정하며 부통감을 두었다.[6] 부통감을 설치한 까닭은 당시 통감이었던 이토가 일본에서 업무를 수행해야 하므로 한국에 상주하기 어려운 입장이라서 한국에서 실무를 대리힐 직세가 필요했기 때문이다.

총무장관은 통감을 도와 기관를 총리했고, 통감에게 사고가 있을

....
2 『주한일본공사관기록』 권24, 「제460호」, 1905년 11월 20일 오후 2시 30분 발.
3 친임관은 일본의 제2차 세계대전까지의 관료 계급 중 하나로 왕이 직접 임명한 칙임관 중 총독과 같이 특히 높은 지위 관료에게 준 벼슬이다.
4 『주한일본공사관기록』 권24, 「제326호」, 1905년 12월 22일 오후 5시 30일.
5 추밀원은 군주의 자문기관이다.
6 『주한일본공사관기록』 권24, 「제248호」, 1905년 12월 4일.

시 통감이 정하는 바에 따라 한국수비군韓國守備軍의 사령관 또는 총무장관이 임시 통감의 직무를 담당했다. 농상공무총장은 농업·상업·공업 및 기타 산업 사무를 담당했고, 경무총장은 경찰 사무를 담당했으며 통감부비서관은 기밀에 관한 사무를 관장했다. 통감부서기관은 통감부 사무를 담당했고, 통감부기사와 통감부기수는 기술記述을 관장했으며 통감부통역관은 문서번역 및 통역을 담당했다.[7]

연봉은 통감 6,000원, 총무장관 1급 4,500원·2급 4,000원, 농상공무총장 및 경무총장은 1급 3,500원·2급 3,000원이고 나머지는 주임관은 2,800원~900원 사이, 판임관은 900원을 받았다. 통감에게는 연액 12,000원, 총무장관에게는 3,000원의 교제수당交際手當[8]을 지급했다.[9]

통감부는 1906년 2월 1일에 당시 경복궁 광화문 앞길에 있던 한국 정부의 옛 외부 청사를 빌려 개청식을 열었고, 남산 왜성대倭城臺에 신청사를 건립하여 1907년 1월 28일에 자리를 옮겼다.[10] 이와 별도로 일본 도쿄에 통감부출장소를 두어 운영했다. 통감부는 1907년 헤이그 특사사건[11]을 계기로 고종을 강제로 퇴위시키고 순종純宗(조선 제27대

---

7 『주한일본공사관기록』 권24, 「제326호」, <1905년 12월 22일 오후 5시 30일>, 통감부 및 이사청 관제를 공시한 관보.
8 교제수당은 어떤 목적을 달성하기 위한 수단으로서의 사교(사회적 교제)에 대한 수당이다.
9 『주한일본공사관기록』 권24, 「제326호」, <1905년 12월 22일 오후 5시 30일>, 통감부 및 이사청 직원 급여령.
10 왜성대는 1885년 도성 내 일본인 거류가 허용되자 일본인들이 정착한 남산 주변 지역으로 현재 서울특별시 중구 예장동과 회현동1가에 걸쳐 있는 지역이다.
11 헤이그 특사사건은 1907년 7월 고종이 일제가 강제로 체결한 을사조약을 폭로하고 한국의 주권을 회복하기 위해 네덜란드의 헤이그에서 개최되는 제2회 만국평화회의에 특사를 파견한 사건이다.

왕, 재위 1907-1910)을 즉위시켰고, 이완용李完用(1858-1926)의 친일 내각을 구성하여 한일신협약韓日新協約(정미7조약)[12]을 체결하면서 통감부의 권한이 크게 강화되었다. 이후 1910년 조선을 강탈한 일본이 조선총독부를 설치하면서 통감부를 폐지했다.

통감부 본부에 속한 기구

총무부

총무부總務部는 통감을 보좌하고 통감부 행정사무를 총괄한 기구로 1905년 12월부터 1907년 10월까지 운영되었고, 총무부의 업무는 통감관방統監官房으로 이관되었다. 총무부의 총괄을 담당한 총무장관은 통감이 자리에 없을 시 한국주차군사령관韓國駐箚軍司令官과 함께 통감의 직무를 담당할 수 있었다. 하지만 실제로 총무장관이 통감의 업무를 담당한 적은 없었고, 이 권한은 부통감이 생기면서 완전히 폐지되었다.

총무부 부서는 비서과, 인사과, 문서과, 회계과, 지방과가 있다. 비서과는 기밀 문서와 암호전신의 접수 및 발송, 통감의 특명에 관한 사무를 담당했고, 인사과는 관리·촉탁원·고원의 인사이동, 포상, 용빙

---
12 한일신협약은 1907년 일본이 대한제국의 군대 해산 및 내정권을 장악하여 조선을 강점하기 위해 체결한 불평등조약이다. 이 조약은 고종이 퇴위하고 순종이 즉위할 때 이토 히로부미와 이완용 간에 체결되었다.

傭聘 등에 관한 업무를 맡았다.[13] 문서과는 문서의 접수 · 배포 · 발송 · 보관 · 편찬 및 간행, 통감과 총무장관 및 통감부 관청 도장 보관, 통계와 보고, 도서의 보관, 타과에서 하지 않는 일을 담당했다. 회계과는 경비와 수입의 예 · 결산과 회계, 관유재산의 물품, 건물 수리, 회계 감사 등을 맡았고, 지방과는 지방행정, 교육과 종교, 병사와 호적, 은행과 금융, 토목 등을 담당했다.[14]

농상공무부

농상공무부農商工務部는 농업 · 상업 · 공업 등 산업에 관한 사무를 담당한 통감부 소속 기구로 1905년 12월에 설치되었고 1907년 10월에 폐지되었다. 농상공무부 책임자는 농상공무총관農商工務摠管이다. 농상공무부 부서는 상공과, 농림과, 수산과, 광무과가 있다. 상공과는 상공업, 도량형, 교통운수를 담당했고, 농림과는 농업, 산림, 기상에 관한 업무를 맡았다. 수산과는 수산업과 염업, 수산조합 등을 담당했고, 광무과는 광업, 광천과 토석채취업 등에 관한 업무를 맡았다.[15]

---

13   용빙은 사람을 쓰려고 맞아들인다는 뜻이다.
14   『통감부 공보』 제7호, 「1907년 5월 21일」, 통감부훈령 제10호.
15   『통감부 공보』 제7호, 「1907년 5월 21일」, 통감부훈령 제10호.

경무부

경무부警務部는 통감부와 이사청에 소속된 기구로 경찰관과 경찰 사무에 관한 업무를 맡았고 1905년 12월에 설치되었으며 1907년 10월에 폐지되었다. 경무부 책임자는 경무총장이다. 경무부 부서는 경무과, 보안과, 위생과가 있다. 경무과는 경찰배치, 임용·교습·상벌·질서, 경리 등을 맡았고, 보안과는 고등경찰, 행정경찰, 사법경찰, 재판과 감옥에 관한 업무를 담당했으며 위생과는 전염병 예방검역, 보건위생, 의료 업무를 담당했다.[16]

1907년 7월 24일 한일신협약의 체결로 일본이 한국경찰권을 장악한 후 경무부가 경무부·경무고문부로 이원화되었고 한국의 경무국과 일본의 경무국이 통합되었다. 경무부에 소속된 일본인 경찰 수는 1907년 10월 기준 경무부 소속 경시 5명, 경부 42명, 순사 500명이고, 경무경찰부 소속 보좌관補佐官(경시) 21명, 보좌관보補佐官補(경부) 78명, 보조원補助員(순사巡査) 1,205명이다. 한국인 경찰관은 경시 22명, 경부 88명, 순사 2,982명이고 이외 일본 황궁 경찰에 속한 경시 9명, 경부 15명, 순사 382명이 있다.[17]

....
16 『통감부 공보』 제7호, 「1907년 5월 21일」, 통감부훈령 제10호.
17 민족문제연구소, 『일제식민통치기구사전: 통감부 조선총독부편』, 민족문제연구소, 2017.

외무부

외무부外務部는 외교 사무를 맡은 통감부 소속 기구로 1907년 3월에 설치되었고 1910년 9월에 폐지된 뒤 조선총독부 외사국外事局으로 이관되었다. 외무부 책임자는 외무총장外務總長이다. 외무부 부서는 한국과韓國課와 외국과外國課가 있다. 한국과는 한국정부와의 교섭, 한국인, 알현 및 서훈에 관한 일을 맡았고, 외국과는 각국 영사관과의 교섭, 외국인, 조약 및 취극서取極書(취득서) 등에 관한 업무를 담당했다.[18]

통감관방

통감관방統監官房은 통감을 보좌하고 통감부의 핵심 업무를 관장한 통감부 소속 기구로 1907년 10월에 설치되었고 1910년 9월에 폐지되었다. 통감관방은 정미7조약의 체결에 따라 통감의 권한이 대폭 강화되면서 통감을 보좌할 기구가 필요해졌기 때문에 부통감 임명과 함께 폐지된 총무부의 후속 기구로 설치되었다. 통감관방 책임자는 통감관방장統監官房長(총무장관)이다.

통감관방 부서는 문서과, 인사과, 회계과가 있다. 문서과는 문서·도서, 통계와 보고, 통감·부통감·총무장관의 관인과 통감부 인장의 관리 등에 관한 업무를 담당했다. 인사과는 관리·촉탁원·고원의 인

---
18 『통감부 공보』 제7호, 1907년 5월 21일, 통감부훈령 제10호.

사이동, 한국고등관리의 임면, 포상 등을 담당했다. 회계과는 경비와 수입의 예·결산 및 회계, 관유재산과 물품, 건물 수리, 회계 감사를 담당했다.[19]

감사부

감사부監査部는 법령 및 처분의 심사에 관한 업무를 담당한 통감부 소속 기구로 1907년 10월에 설치되었고 1910년 9월에 폐지되어 조선총독부 취조국取調局으로 승계되었다. 감사부 책임자는 감사부장監査部長이다. 원래 통감부 법령에 관한 업무는 총무부 법제과에서 담당했는데 1907년 4월 27일에 공포된 <통감부사무분장규정統監府事務分掌規程>에 따라 법제과가 법제심사회法制審査會로 분리되면서 법제심사회가 전담하게 되었다.[20] 하지만 법제심사회는 정미7조약이 체결되면서 <통감부사무분장규정>이 개정되어 수개월만에 폐지되었고 대신 감사부가 설치되었다.[21]

지방부

지방부地方部는 총무부 지방과를 대신해 설치된 통감부 소속 기구

---
19 『통감부 공보』 제27호, 「1907년 10월 19일」, 통감부훈령 제21호.
20 『통감부 공보』 제7호, 「1907년 5월 21일」, 통감부훈령 제10호.
21 『통감부 공보』 제27호, 「1907년 10월 19일」, 통감부훈령 제21호.

로 지방행정, 금융, 종교, 교육, 사법, 경찰 등에 관한 업무를 담당했으며 1907년 10월에 설치되었고 1910년 9월에 폐지되었다. 지방부 책임자는 지방부장地方部長이다. 지방부 업무에 경찰 관련 사무가 있는 까닭은 지방부 설치 당시 경무부가 폐지되었기 때문이다. 지방부 경찰 업무는 1909년에 <통감부재판소령統監府裁判所令>과 <통감부사법경찰관관제統監府司法警察官官制>가 공포되면서 재판소와 사법경찰로 이관되었다.[22]

이사청

이사청理事廳은 종전 일본영사관이 담당했던 사무와 관할 구역 내 경찰·재판·감옥 사무, 재한 일본인의 권익 옹호와 경제활동 보호, 한국 지방시정 등을 관장한 통감부 소속 기구다. 1905년 통감부가 설치될 때 같이 설치되었고 1910년 9월에 폐지되었으며 1910년 10월에 조선총독부 도·부·경찰서로 업무가 이관되었다. 이사청 직원은 주임관 이사관理事官, 주임관 부이사관副理事官, 판임관 속屬·경부·통역생通譯生이 있고, 통감이 필요하다고 인정할 때에 주임관 경시를 배치했다. 정원은 이사관 및 부이사관을 합쳐 30명, 경시 5명, 속·경부·통역생을 합쳐 90명이다. 이사관과 부이사관은 이사청의 사무를, 경시는 경찰 사무를, 속은 서무를 담당했고, 경부는 경찰사무를 분장하고

....
22 『통감부 공보』 제27호, 「1907년 10월 19일」, 통감부훈령 제21호.

순사를 지휘감독했다. 통역생은 문서 번역과 통역에 종사했다.[23]

이사청은 1906년 1월 종전의 일본영사관이 소재했던 부산·마산·군산·목포·한성·인천·평양·진남포·원산·성진 등 10개 지역에 설치되었으며 이후 대구·신의주新義州·청진淸津 등지에 추가로 설치되었다.[24] 1906년 9월 26일 이사청 관할 구역 내에 지청을 설치하고 각 지청에 부이사관 또는 경시 1명 및 판임 이하 몇 명을 배치했다. 이들은 통감의 명을 받아 지방시정의 개선에 관한 사무를 관장했다.

1906년 4월 16일 통감부 및 이사청 순사 정원이 공포되면서 통감부와 이사청에 순사 500명이 배치되었고, 이사청에는 경찰서 또는 경찰분서, 파출소와 주재소를 두었다. 각 지역에 설치된 경찰분서와 분견소分遣所에는 일본 순사뿐만 아니라 한국정부에 초빙된 경무고문관경찰관도 배치되었다.[25] 1907년 11월 1일 이후 일본인경찰관이 모두 한국경찰 신분으로 전환되면서 사실상 한국 경찰은 모두 일본인이었다.

1909년 10월 16일 <통감부사법경찰관관제>가 공포되면서 통감부와 이사청에 사법경찰관이 다시 배치되었다. 공포 후 사법경찰관의 수는 1910년 기준 고등관 경시 30명, 판임관 경부 144명, 판임관 대우 순사 5,078명으로 총 5,252명에 달했다. 이들은 모두 한국경찰신분으로

---
23 『주한일본공사관기록』 권24, 「제326호」, <1905년 12월 22일 오후 5시 30일>, 통감부 및 이사청 관제를 공시한 관보.
24 『주한일본공사관기록』 권26, 「제328호」, 1905년 12월 23일 오전 30분 발.
25 분견소는 분견대가 파견되어 머무르는 곳이다. 분견대는 본래 소속 부대로부터 파견 나온 부대로, 여기서는 경찰분서에서 파견 나온 부대가 머무는 곳이다.

임용되었다. 하지만 1910년 6월 24일 한국 경찰권 위탁각서에 따라 경찰권이 통감부로 완전히 넘어가고 6월 29일 <통감부경찰관서관제統監府警察官署官制>가 공포되면서 사법경찰관은 신설된 경무총감부警務總監部에 편제되었다. 이후 이사청은 조선총독부가 설치되면서 폐지되었다.

법전조사국

법전조사국法典調査局은 각종 입법 자료 수집과 법률 편찬을 위한 조사를 주관한 기구로 1907년에 설립되어 1910년 조선총독부가 설치되기 직전까지 사업을 주관했다. 통감부 설치 후 일제는 한국을 지배하기 위해 법전 편찬을 계획했다. 이때 법전의 초안을 법전조사국에서 시행했다. 법전조사국 직원은 칙임관 위원장 1명, 칙임관 또는 주임관 위원 몇 명, 주임관 사무관 전임 1명, 주임관 또는 판임관 사무관보 전임 10명, 판임관 번역관보 전임 8명이 있다.[26]

통신관리국

통신관리국通信管理局은 우편 · 전신 · 전화 및 국고금 출납 보관

---
26 『조선 · 대한제국 관보』 제3959호, 「법전조사국관제」, 직령 제60호.

등의 업무를 관장한 통감부 소속 기구로 1905년 12월에 설치되었고 1906년 1월에 사무를 개시했다. 이후 1910년 9월에 폐지되었다가 같은 달 조선총독부 통신국으로 개편되었다. 통신관리국은 처음에 한국의 통신 관련 사무를 장악했는데, 1905년 4월 1일 한국 외부대신 이하영과 일본 특명전권공사 하야시 곤스케林權助(1860-1939)가 한국의 우편전신과 전화 사업을 일본정부에 위탁하는 계약을 체결하면서 관련 토지·건물·기구·기계·기타 설비가 모두 일본이 담당하게 되었다. 이후 한국의 우체사(전보사)와 우체지사(전보지사)가 각 지역 일본우편국에 흡수되거나 우편국출장소로 전환되면서 완전히 일본 관할이 되었다. 통신관리국 직원은 칙임관 혹은 주임관 통신관리국장 1명, 주임관 사무관 전임 3명, 사무관 전임 5명, 통신사무관보 전임 10명, 판임관 기사 전임 4명, 주임관 혹은 판임관 우체국장 1명, 판임관 속 전임 180명, 기수 전임 20명, 통신수 210명, 우체소장 1명이 있다.[27]

통신관리국 소속 우편국은 1906년에 우편괘郵便掛, 전신괘電信掛, 전화괘電話掛, 서무괘庶務掛의 조직을 갖춘 우편국(경성우편국, 부산우편국, 인천우편국), 통신괘와 서무괘를 둔 우편국(원산우편국, 군산우편국, 평양우편국, 신의주우편국, 청진우편국), 괘 조직이 없는 우편국으로 나뉘었다.[28] 통신관리국은 우편국뿐만 아니라 우편국분실, 우편국출장소, 우편전신취급소, 우편취급소, 우편소, 우편전신수취소, 우편수취

---

27 『주한일본공사관기록』 권24, 「제326호」, 통감부 통신관서 관제.
28 『통감부 관보』 제65호, 1908년 8월 16일.

소, 철도역 전신취급소, 우체소, 임시우체소를 전국에 총 445개부터 시작하여 최종적으로 506개까지 설치했다. 통신관리국은 1910년 조선총독부가 설치되면서 조선총독부 소속 관청으로 바뀌었다.

권업모범장

권업모범장勸業模範場은 일본 농법 이식과 쌀 품종 개량 등 농사개량을 목적으로 시험 및 조사 등을 실시하기 위해 설치된 통감부 소속 기구로 1906년 4월에 설치되었고 1907년 4월에 폐지되었다. 권업모범장 직원은 권업모범장장勸業模範場長 1명, 권업모범장기사勸業模範場技師 6명, 권업모범장기수勸業模範場技手 8명, 권업모범장서기勸業模範場書記 4명이 있다. 권업모범장은 설치된 지 1년여 만에 한국 내각 소속으로 바뀌었지만 여전히 통감부에서 관리하다가 1910년 조선총독부가 설치된 후 조선총독부 소속이 되었다.

법무원

법무원法務院은 한국 거주 일본인들을 대상으로 이사청 재판에 대한 상소를 관장한 통감부 소속 기구로 1906년에 설치되었고 1909년 10월에 폐지되었다. 법무원 직원은 칙임평정관勅任評定官 원장院長 1

명, 주임관 평정관評定官 1명, 검찰관 1명, 판임관 서기 5명이 있다.[29] 법무원이 1909년 10월에 폐지되면서 이사청과 통감부 법무원의 재판 사무는 완전히 종결되었다.[30]

철도관리국

철도관리국鐵道管理局은 일본이 경영한 철도 건설·개량·보존·운수·부대 사업 등을 관장한 통감부 소속 기구로 1906년 6월에 설치되었고 1909년 6월에 폐지되었다. 철도관리국 직원은 장관 1명, 사무관 직임 4명, 사무관보 직임 4명, 기사 전임 19명, 서기 전임 74명, 통역관 전임 3명, 기수 전임 90명, 통역생 전임 6명이 있다.[31] 철도관리국은 1909년 통감부 철도청 관제가 공포되면서 폐지되었다.

철도청

철도청鐵道廳은 통감의 관리 하에 한국 철도의 건설·개량·보존·운수 및 부대사업을 관장한 기구로 1909년 6월에 설치되었다가 같은 해 12월에 폐지되었다. 철도청 직원은 칙임관 장관 1명, 주임관

---
29 『한국근대사자료집성』 권8, 「국권회복」, <九. 韓國ニ於ケル裁判事務ニ關スル法律制定ノ件 明治三十九年>, (2) 韓國ニ於ケル司法事項ニ關スル法律案.
30 『통감부문서』 권10, 「법원 관제 폐지와 통감부 표판소령 동시 시행」, 1909년 10월 12일.
31 『통감부 공보』 제6호, 「1907년 4월 27일」, 칙령 제55호.

사무관 전임 10명, 사무관보 전임 8명, 기사 전임 29명, 통역관 전임 2명, 판임관 서기 전임 247명, 기수 전임 134명이 있다.[32]

재정감사청

재정감사청財政監査廳은 한일간 협약을 근거로 한국재무에 관한 사항을 관장한 통감부 소속 기구로 1907년 3월에 설치되어 같은 해 9월에 폐지되었다. 재정감사청 직원은 칙임관 재정감사장관財政監査長官 1명, 주임관 재정감사관財政監査官 직임 20명이 있다. 재정감사장관은 한국재무 고문 업무를 담당했고, 협약과 한국 재무에 관한 일을 관장했다. 재정감사관은 재정감사장관을 보좌하며 기구의 업무를 담당했다.[33]

관측소

관측소觀測所는 기상관측을 관장한 통감부 소속 기구로 1907년 3월에 설치되었다가 1908년 3월에 폐지되었다. 관측소 직원은 소장 1명, 기사 전임 1명, 기수 전임 18명, 판임관 서기 전임 1명이 있다.[34] 관측소는 통감부관측소를 비롯하여 여러 지역에 지소를 설치했다. 한국 전국에 설치된 관측소는 통감부관측소, 관측소 부산지소, 목포지소, 용

32 『통감부 공보』 제107호, 「1909년 6월 26일」, 칙령 제160호.
33 『통감부 공보』 제5호, 「1907년 4월 5일」, 칙령 제19호.
34 『통감부 공보』 제6호, 1907년 4월 27일, 칙령 제70호.

암포지소[35], 원산지소, 성진지소[36]가 있다. 관측소는 1908년에 폐지된 후 1909년 조선총독부가 설치되면서 조선총독부 통신관서通信官署로 흡수되었다.

영림창

영림창營林廠은 압록강과 두만강 연안의 삼림 경영 업무를 관장한 통감부 소속 기구로 1907년에 설치되었다가 1910년 9월에 폐지되었다. 영림창 직원은 주임관 청장廠長 1명, 사무관 전임 5명, 기사 전임 2명, 판임관 속·기수·통역생 전임 총 25명이 있다.[37]

특허국

특허국特許局은 통감의 관리 하에 발명·의장·상표 및 저작권에 관한 업무를 담당한 통감부 소속 기구로 1908년 8월에 설치되었고 1910년 8월에 폐지되었다. 특허국 직원은 국장 1명, 주임관 사무관 전임과 기사 전임 총 2명, 심사관審査官 전임 5명, 판임관 심사관보審査官補 전임 5명, 속 전임 5명, 기수 전임 1명, 통역通譯 전임 1명이 있다.[38]

....
35 용암포지소는 평안북도 용천군 부내면의 압록강 하구에 있던 부두인 용암포에 설치되었다.
36 성진지소는 전남 해남곡 계곡면 나루터인 성진에 설치되었다.
37 『통감부 공보』 제6호, 1907년 4월 27일, 칙령 제72호.
38 『통감부 공보』 제65호 부록, 1908년 8월 16일, 칙령 제202호.

임시간도파출소

임시간도파출소時間島派出所는 간도 지역 한국인의 통제와 청나라의 국경문제 조사 업무를 관장한 통감부 소속 기구로 조선인의 간도 이주로 청나라와 조선 사이에 발생한 영토 분쟁 때문에 1908년 4월에 설치되었다가 1909년 9월 청나라와 일본이 간도를 청나라 영토로 확정하는 간도협약을 맺으면서 1909년 11월에 폐지되었다. 임시간도파출소 직원은 주임관 소장 1명, 사무관 전임 2명, 기사 전임 1명, 판임관 속·기수·통역생 전임 총 5명이 있다.[39]

재판소

재판소裁判所는 한국에서의 민사·형사재판 및 민사사건에 관한 업무를 관장한 통감부 소속 기구로 1909년 10월에 설치되었고 1910년 10월에 폐지되었다. 재판소는 구재판소·지방재판소·공소원控訴院·고등법원으로 구성되었다.[40] 각 재판소에 직원을 배치하여 판사 총 329명, 검사 총 85명, 서기장 총 4명, 통역관 총 4명, 서기 총 368명, 통역생 총 187명을 두었다.[41]

---

39 『통감부 공보』 제51호, 1908년 4월 25일, 칙령 제86호.
40 『통감부 공보』 제64호 부록, 1908년 8월 1일, 통감부고시 제114호.
41 『통감부 공보』 제124호 부록, 「1909년 10월 23일」, 칙령 제236호.

사법청

사법청司法廳은 한국의 사법 및 감옥에 관한 행정 사무를 관장한 통감부 소속 기구로 1909년 10월에 설치되었고 1910년 9월에 폐지되었다. 사법청 직원은 칙임관 장관 1명, 주임관 참사관參事官 전임 3명, 서기관 전임 2명, 감옥사무관 전임 1명, 속 몇 명, 판임관 통역생 전임 38명이 있다.[42]

감옥

감옥監獄은 범죄 심리와 형벌 집행을 목적으로 형사피고인과 기결수에 대한 구금 업무를 담당한 통감부 소속 기구로 1909년 10월부터 1910년 9월까지 운영되었다. 한국에 설치된 감옥은 경성감옥, 경성감옥 인천분감, 경성감옥 춘천분감, 영등포감옥, 공주감옥, 공주감옥 청주분감, 함흥감옥, 함흥감옥 원산분감, 함흥감옥 청진분감, 평양감옥, 평양감옥 진남포분감, 평양감옥 신의주분감, 해주감옥, 대구감옥, 부산감옥, 부산감옥 마산분감, 부산감옥 진주분감, 광주감옥, 광주감옥 목포분감, 광주감옥 전주분감, 광주감옥 군산분감이 있다.[43] 감옥 직원은 모든 감옥 통틀어 주임관 전옥典獄 9명, 판임관 간수장看守長 75명, 통역생 9명, 주임관 혹은 판임관 대우를 받는 감옥의監獄醫 13명, 주임관

---

42 『통감부 공보』 제124호 부록, 「1909년 10월 23일」, 칙령 제242호.
43 『통감부 공보』 호외, 「1909년 10월 21일」, 통감부령 제31호.

또는 판임관 대우를 받는 교회사 教誨師 4명, 판임관 대우를 받는 교사 教師 4명, 약제사 藥劑師 4명, 간수 700명 看守, 여감취체 女監取締 4명이 배치되었다.[44]

감옥의 본래 목적은 일본인과 한국인 범죄자를 수감하는 데 있다고 밝혔지만, 1909년 12월 말까지의 수감자를 보면 남자 수감인 5,120명(한국인 4,786명, 일본인 334명), 여자 수감인 111명(한국인 104명, 일본인 7명), 남자 형사피고인 818명(한국인 737명, 일본인 81명), 여자 형사피고인 12명(한국인 9명, 일본인 3명)으로 한국인 비중이 압도적으로 많았다.[45]

사법경찰관

사법경찰관 司法警察官은 통감부 검사의 명령에 따라 한국의 사법경찰 업무를 수행한 일본인 경찰관으로 1909년 10월에 처음 등장했고 1910년 6월에 해산되었다. 사법경찰관은 주임관 경시, 판임관 경부, 판임관 대우를 받는 순사가 있는데, 한국관서의 일본인을 임명했다. 1910년 3월 말 기준 사법경찰관의 수는 경시 30명, 경부 144명, 순사 5,078명이다. 사법경찰관은 형사소송에서 공소 제기 전에 검사가 신속히 처리해야 할 검증이나 수색, 물건차압, 피고인 및 증인 신문과 감정

44 『통감부 공보』 제124호 부록, 「1909년 10월 23일」, 칙령 제243호.
45 민족문제연구소, 『일제식민통치기구사전: 통감부 조선총독부편』, 민족문제연구소, 2017.

등을 담당했다.[46] 사법경찰관은 조선총독부가 설치되면서 경무총감부 소속이 되었다.

경무총감부

경무총감부警務總監部는 한국의 경찰사무를 관장한 통감부 소속 기구로 1910년 6월에 설치되었고 같은 해 9월에 폐지되었다. 경무총감부 설치는 일본이 강제병합을 추진하기 위한 사전정비작업으로 1910년 6월 한국경찰권위탁각서를 통해 한국의 경찰권을 장악한 직후에 이루어졌다. 이때 한국정부 소속의 경무부와 경찰서가 모두 통감부 소속으로 이관되었다. 경무총감부 직원은 칙임관 경무총장警務總長, 주임관 경무관警務官 전임 2명, 주임관 경무부장警務部長, 주임관 경시 전임 52명, 경무서장警察署長, 주임관 통역관 전임 3명, 기사 전임 1명, 주임관 혹은 판임관 경찰의警察醫 전임 68명, 속·경부·기수·통역생 전임 총 357명이 있다.[47]

중학교

중학교는 고등보통교육을 목적으로 만들어진 통감부 소속의 5년

---
46 『통감부 공보』 제124호 부록, 1909년 10월 23일, 칙령 제237호.
47 『통감부 공보』 제160호, 「1910년 7월 9일」, 칙령 제296호.

제 일본인 남자 중학교로 1910년 3월에 설치되었고 같은 해 9월에 폐지되었다. 중학교에는 주임관 학교장, 교유敎諭 전임 14명 내(주임관 4명, 판임관 10명), 생도감生徒監, 판임관 서기 전임 2명이 있다.[48] 중학교는 수업기간이 5년이며 제1부와 제2부로 나뉘고, 2년 이내인 보습과補習科가 있다. 제1부는 수신修身(도덕)·국어(일본어) 및 한문·외국어(영어)·역사·지리·수학·박물·물리 및 화학·법제 및 경제·도화圖畫(그림)·창가·체조를 배웠고, 제2부는 3학년 이하는 제1부와 동일하고 4학년부터는 수신·국어·한문·영어·한어·역사·지리·이과·법제 및 경제·실업요항·부기·체조를 배웠다. 1년당 학기는 총 3학기(4월 1일~8월 31일, 9월 1일~12월 31일, 1월 1일~3월 31일)이며, 학기마다 하계휴업일(7월 21일~8월 31일), 동계휴업일(12월 26일~1월 7일), 춘계휴업일(3월 26일~3월 31일)이 있다. 입학자격은 심상소학교尋常小學校를 졸업한 자 또는 12세 이상으로 동등의 학력을 지닌 자였다.[49] 보습과의 경우 중학교 졸업자가 대상이었다.[50]

통감부 중학교는 1910년 9월 20일에 개정된 <중학교관제>에 따라 조선총독부 중학교가 되어 서울 경희궁 터의 신축 교사로 이전했다. 1913년에 경성중학교로 이름이 바뀌었다.

---

48 『통감부 공보』 호외, 「1910년 4월 4일」, 칙령 제99호.
49 심상소학교는 부산 지역에 있었던 일본인 초등 교육기관이다.
50 『통감부 공보』 호외, 「1910년 3월 30일」, 통감부령 제9호.

統監府

The Residency General.

2
일제 강점기

일제강점기의 시작

통감부 설치 이후 일본은 한국의 국호마저 박탈하기 할 계획을 세웠다. 결국 1907년 헤이그 특사 사건을 빌미로 고종황제를 강제 퇴위시키고 정미7조약을 강제로 맺게 하면서 한국식민화의 기반을 다진 일제는 1910년 6월 30일 한국의 경찰권을 빼앗고 한국의 주권을 침탈하기 위해 순종황제에게 병합조약을 요구하여 8월 22일에 끝내 체결했다. 병합조약은 완벽히 불법적으로 이루어진 조약이었다. 이를 안았던 일본은 한국 백성들의 반발을 막기 위해 조약이 체결되었음에도 일주일간 비밀에 부쳤다가 8월 29일에 반포했다. 병합조약 내용은 다음과 같다.

일본국 황제폐하 및 한국 황제폐하는 양국간에 특수하고도 친밀한 관계를 고려하여 상호의 행복을 증진하며 동양의 평화를 영구히 확보하고자 하는 바 이 목적을 달성하기 위하여서는 한국을 일본제국에 병합함만 같지 못한 것을 확신하여 이에 양국간에 병합조약을 체결하기로 결정하고 일본국황제폐하는 통감 자작 데라우치 마사타케寺內正毅(1852-1919)를, 한국황제폐하는 내각총리대신 이완용을 각기의 전권위원으로 임명함. 그러므로 전권위원은 회동협의한 후 다음의 제조를 협정함. 제1조 한국황제폐하는 한국 정부에 관한 일체의 통치권을 완전하고도 영구히 일본국황제폐하에게 양여함. 제2조 일본국황제폐하는 전조에 기재한 양여를 수락하고 전여 한국을 일본제국에 병합함을 승낙함. 제3조 일본국황제폐하는 한국황제폐하·황태자전하 및 그 후비와 후예로 하여금 각기의 지위에 적응하여 상당한 존칭과 위엄 그리고 명예를 향유하게 하며 또 이를 유지하기에 충분한 세비를 공급할 것을 약속함. 제4조 일본국황제폐하는 전조 이외의 한국 황족 및 그 후예에 대하여도 각기 상응의 명예 및 대우를 향유하게 하며 또 이것을 유지함에 필요한 자금의 공급을 약속함. 제5조 일본국황제폐하는 훈공 있는 한국인으로서 특히 표창에 적당하다고 인정된 자에 대하여 영작을 수여하고 은급을 줄 것. 제6조 일본국정부는 전기 병합의 결과로 한국의 시정을 담당하고 같은 뜻의 취지로 시행하는 법규를 준수하는 한인의 신체 및 재산에 대하여 충분히 보호해주며 또 그들의 전체의 복리증진을 도모할 것. 제7조 일본국정부는 성의로써 충실하게 신제도를 존중하는 한국인으로서 상당한 자격을 가진 자를 사정이 허락하는 한 한국에 있어서의 일본국 관리로 등용할 것. 제8조 본 조약은 일본국황제폐하 및 한국황제폐하의 재가를 받은 것으로서 공포일로부터 이를 시행함. 이상의 증거로서 양국 전국위원은 본조에 기명 조인함.

『조선 대한제국 관보』, 1910년 8월 29일 호외 1.

병합조약이 체결된 직후 일본은 통감부를 조선총독부로 교체하고 본격적으로 한반도를 지배하기 시작했다. 식민 통치가 시작되자 일본은 헌병을 동원해 조선인을 칼과 총으로 다스리기 시작했다. 이 시기를 무단통치시기라고 부르는데, 이 통치방식은 한일 병합 이후 조약을 반대하는 조선인들이 정치 단체를 만들거나 의견을 내지 못하게 하기 위함이었다. 일본은 반기를 들고 일본에 대항하는 조선인들을 강제로 끌고 가 고문하거나 죽이기도 했고, 민족 신문을 폐지시키거나 작은 죄를 지은 자들에게도 강력한 처벌을 내렸다. 뿐만 아니라 학교에서는 선생님들이 군복에 칼을 차고, 일본어와 일본 역사를 가르치며 한국어를 선택과목으로 바꿔버렸다. 또 조선인은 초등교과가 4학년까지만 있었고 중등학교의 교과는 실업 교육만 있었으며 고등 교육 기관을 없애 이때 성균관이 사라졌다.

일본의 영향력이 강화되자 일본인 자본가들이 조선에 넘어와 농업회사를 설치하고 농지를 침탈하여 대규모 농장을 소유했고, 철도용과 군사용의 땅을 빙자하고 토지를 수용하여 한국 땅 대부분이 일본인의 소유가 되었다. 뿐만 아니라 각종 자원, 특히 광산과 삼림을 강탈하여 조선에서 나오는 모든 자연 자원들이 일본에 넘어가고 말았다. 일본의 강압적인 통치로 국내에서의 독립운동이 어려워지자 민족운동자들은 해외로 망명하기 시작했다. 해외 망명인사들의 독립운동은 무력으로 독립을 쟁취하는 목적으로 군사훈련과 독립군 조직에 힘쓰는 무장독립운동과 외교적 수단으로 독립을 쟁취하려는 외교독립운동으로 구분되었다. 해외로 망명하지 않고 국내에서 비밀리에 활동한 독립운동가들은 종교활동과 교육을 통해 독립운동을 준비했다.

각자의 자리에서 독립을 위해 활동하던 독립운동가들은 제1차 세계대전의 전후 처리 문제를 논의하는 파리 강화 회담에서 미국 우드로 윌슨Thomas Woodrow Wilson(1856-1924) 대통령이 제안한 민족자결주의("각 민족은 자신의 정치적 운명을 스스로 결정할 권리가 있으며 외부의 간섭을 받지 않아야 한다.")에 크게 고무되었다. 도쿄에서 유학생들을 중심으로 거행된 2.8 독립선언을 계기로 국내에서도 천도교, 기독교, 불교 등 종교단체를 중심으로 독립만세운동이 계획되었다. 각 종교의 대표인 33명이 민족대표로서 독립선언서에 서명했고, 고종의 장례일인 3월 3일을 앞두고 전국 각지로부터 군중들이 서울로 모여들 때를 기회로 여겼다. 그리하여 고종의 장례일 이틀 전 3월 1일에 독립운동을 시행했다.

3.1운동은 비폭력운동으로 민족대표들은 태화관泰和館(현재 종로구 인사동에 있었던 요릿집)에 모여 독립선언서를 발표하여 한국이 독립국가임을 선언했고, 학생들은 탑골공원(파고다공원)에 모여 독립운동서를 낭독한 뒤 독립만세를 부르며 시위행진을 했다. 학생들의 가두시위에는 학생뿐만 아니라 상인, 농민, 노동자들도 참여하여 총 200만 명이 남녀노소 구분없이 방방곡곡 독립만세를 외쳤다. 일본은 갑작스러운 독립운동을 무력으로 탄압했다. 일본은 헌병과 경찰, 육군과 해군까지 동원해 시위군중을 향해 총탄을 쏘아 댔고 학교, 교회, 민가 등을 방화하기 시작했다. 이때 체포된 조선인은 46,948명, 피살자는 7,509명, 피

상자는 15,961명이며 일본이 불지른 민가가 715개, 교회당이 47개, 학교가 2개였다. 하지만 파악되지 않은 피해가 더 있었을 것으로 보인다.

1919년 3.1운동을 계기로 일본이 한국에 저지른 탄압이 세계에 알려지면서 외교문제가 생기자 일본은 1920년대부터 겉으로는 한국인을 존중하는 듯 통치하지만 교묘하게 감시하고 탄압하는 문화 통치를 시행했다. 문화 통치는 한국인을 감시하고 폭력적으로 제압한 헌병경찰 제도를 치안과 안전을 중시하는 보통경찰 제도로 바꾸고 한국의 문화와 전통을 인정하며 언론, 집회, 출판의 자유 허용을 표방했다. 하지만 실제로는 식민 지배를 교묘하게 속인 통치 방법으로, 보통경찰 수를 늘려 한국인을 감시하고 독립운동가들을 탄압했다.

강압적인 통제에서 유화와 회유로 통치 노선을 변경한 일본의 식민 지배정책은 1937년에 일본이 중국을 침략하면서 아시아 대륙 침략을 본격화하기 위해 한반도의 모든 조직을 전쟁에 맞추고 조선인들을 전쟁에 투입하거나 군수물자 생산 노동자로 노역시키는 민족말살정책으로 바뀌었다. 이 시기에는 민족적인 활동을 전면 금지하고 한국말과 글을 쓰지 못하게 했으며 일본어 사용을 강요하고 이름도 일본식으로 바꾸게 했다. 또 일본의 신령을 모시는 사당인 신사神社를 설치해 일본 신을 숭배하게 했다. 일본은 성인 남성부터 여성, 노인, 아이까지 전쟁물자 생산과 군병으로 착취했다. 특히 여성에게는 지방 또는 외국의 공장에서 근무하게 해준다는 말로 속이거나 강제로 끌고 가 일본군 성노예 생활을 강요했다. 이러한 일본의 잔인한 횡포는 1945년 태평양전쟁에서 일본이 참패할 때까지 이어졌다.

태평양전쟁은 1941년부터 1945년까지 태평양 일대와 동남아시아 지역을 무대로 일본이 일으킨 전쟁이다. 중일전쟁에서 승리한 일본은 미국까지 탐내기 시작하여 기습적으로 진주만을 공습했다.[1] 진주만 공습을 계기로 발발한 태평양전쟁은 점차 미국과 연합국 측으로 승기가 기울었으나 일본은 항복 권유를 받아들이지 않고 자국과 식민지를 착취해가며 전쟁을 이어갔다. 결국 미국은 1945년 8월 6일과 8월 9일 일본에 두 차례의 원자폭탄을 투하했다. 원자폭탄의 위력으로 초토화된 일본이 항복을 선언하면서 세계2차대전이 종전되었으며 1945년 8월 15일 조선은 완전히 일본 식민지에서 벗어나 독립했다.

이왕직

이왕직李王職은 1910년 대한제국을 강제 병합한 일제가 조선왕실을 일본 천황가의 하부로 편입하고 통제하기 위해 설치한 기구다. 1909년 대한제국 병합을 준비하던 일본 외무대신 고무라 주타로小村壽太郎(1855-1911)는 '한국황제를 폐위시키고 대공전하大公殿下라고 한다. 태황제와 황태자 및 의친왕義親王(1877-1955)은 공전하公殿下라고 한다. 대공전하와 공전하 및 그 일족은 도쿄로 이주한다. 대공가와 공

---

[1] 진주만은 미 해군기지와 조선소가 있는 진주만, 지금의 오아후 섬이다. 오아후 섬은 하와이 제도에서 세번째로 큰 북부의 섬이다.

가에 관련된 사무 일체는 궁내대신이 관리하고 대공가와 공가의 재산은 일본제국 정부가 소유한다.'라는 제안을 내놓았다.

이 제안에 따라 1910년 대한제국 병합 이후 일제는 바로 한국황제(순종)를 왕으로 격하하여 창덕궁이왕昌德宮李王이라고 칭하고 황태자를 왕세자, 태황자(왕자)를 태왕자로 낮추었고 고종을 덕수궁이태왕德壽宮李太王으로 칭했다. 순종은 일본 천황의 조서에 따라 이왕李王이 되었으며 대한제국 황실은 일본 궁내성에서 관리하는 왕가가 되었다. 고종과 순종의 형제들도 공公으로 책봉되면서 왕공족王公族이 성립되었다.[2] 왕공족의 탄생과 동시에 이들의 유지와 관리를 위해 이왕직이 설치되었다.

왕공족은 대한제국 황실이 일본 신민이 되었음을 한국인들에게 알리기 위해 만들어진 정치적 용어였다. 일제는 왕공족을 일제 황족에 준하게 대우하겠다고 했지만, 사실 한국을 신민지로 삼았음을 증명하기 위한 구실이었다. 일제는 대한제국 황실이 일제의 왕공족이므로 일본 황족 및 귀족과 혼인하게 하여 대한제국 황실의 정통성을 변형하고 왜곡시켰다.[3]

---

2 『궁내청 서릉부 공문서문』, 「조서」 49973.
3 이왕무, 「대한제국 황실의 분해와 왕공족의 탄생」, 『한국사학보』 64, 2016.

1910년 이왕직 직원

　이왕직 직원은 칙임관 이왕직장관李王職長官 1명, 이왕직차관李王職次官 1명, 주임관 이왕직사무관李王職事務官 36명, 이왕직찬시李王職贊侍 12명, 이왕직전사李王職典祀 8명, 이왕직전의李王職典醫 6명, 이왕직기사李王職技師 3명, 판임관 이왕직속李王職屬, 이왕직전사보李王職典祀補, 이왕직전의보李王職典醫補, 이왕직기수李王職技手가 있다. 이왕직장관은 이왕직 사무의 일체를 총리하여 소속 관리를 지휘감독했다. 이왕직차관은 이왕직장관을 보좌하여 장관이 사고가 있을 때에 그 직무를 대신했다. 사무관은 주임관이지만 36명 중 3명은 칙임관이 담당했고 이왕직 사무를 분장했다. 찬시는 주임관이지만 12명 중 2명은 칙임관이 담당했고 이왕 및 이태왕을 가까이 모시는 일을 했다. 이왕직전사는 명예관으로 제사 및 분영墳塋(무덤)에 관한 사무를 담당했다. 기사는 건축, 토목 및 원예에 관한 기술을 담당했다. 속은 이왕직 사무에 종사했고 전사보는 제사, 전의보는 치료, 기수는 건축, 토목 및 원예를 담당했다. 이태왕부에는 사무관 7명, 찬시 3명, 전의 2명, 속 및 전의보가 배치되었고 왕세자부에는 사무관, 찬시, 전의 각 1명과 속 및 전의보가 배치되었으며 공족에게는 사무관 각 2명과 속을 배치했다.[4]

　이왕직 판임관 임용 인원수는 연도별로 다른데 1911년에는 속 89명, 전사보 27명, 전의보 7명, 기수 10명이 뽑혔고 1912년부터 1941년

4　『순종실록부록』 권1, 순종 3년 12월 30일.

까지 대체로 1~3명씩을 추가로 임용했다. 이왕직 판임관은 일본인이 40여 명, 조선인이 90여 명 정도이며 특히 이왕직전사보는 전원이 조선인이고, 기수는 일본인에게 편중되었다.[5]

이왕직의 사무 및 조선에 근무하는 이왕직 관리는 모두 조선 총독이 감독했다. 이왕직 직원 징계위원은 5명으로 조선 총독부 고등관 및 이왕직 고등관 중에서 조선 총독이 명했다. 조선에 근무하는 이왕직 직원이 궁내관 징계령으로 면관되거나 감봉되었을 때 서면으로 이왕직 직원 징계위원의 심사에 부칠 수 있다. 조선에 근무하는 이왕직 직원의 면관 및 감봉은 이왕직 직원 징계위원이 의결을 통해 결정한 후 조선 총독이 궁내 대신에게 전달했다.[6]

1911년 이왕직 부서

1911년에 이왕직에 계(부서)를 두어 사무를 분장했다. 부서는 서무계庶務係, 회계계會計係, 장시계掌侍係, 장사계掌祀係, 장원계掌苑係가 있다.

서무계는 증답贈答(선물이나 편지를 서로 주고받음)에 관한 업무, 왕가의 보첩(족보), 고인 및 부책류를 맡아 지키는 일, 장관과 차관의 관인 및 직인을 관리하는 일, 궁궐 규칙이나 기타 중요한 공무서의 기초

---
5 장신, 「이왕직의 직제와 인사」, 『일제강점기 이왕직 연구』, 2021.
6 『순종실록부록』 권1, 순종 3년 12월 30일.

및 심사, 공문서류의 접수, 발송, 편찬, 보관 및 통계 보고, 직원의 인사이동과 신분에 관한 일, 앞의 각호 외에 다른 계에 속하지 않는 일을 담당했다. 회계계는 출납, 재산, 건축물 수리, 궁, 정원 및 창덕궁 내에 있는 청사와 부속 건물 관리를 담당했다. 장시계는 창덕궁의 관리와 약조제 및 위생, 나인, 건축물 수리 및 향연(잔치), 의식이나 빈객 접대 및 거마 사용을 담당했다. 장사계는 제사, 묘·전·궁 및 무덤 관리, 아악을 담당했고, 장원계는 박물관, 동물원, 식물원을 담당했다.

이태왕부 직원은 덕수궁의 신변, 덕수궁 내 의료 및 위생, 덕수궁의 서무 회계, 덕수궁 내에 있는 궁전과 청사, 부속물 관리, 기타 덕수궁에 관한 업무를 담당했다. 왕세자부 직원은 창덕궁의 신변, 창덕궁 의료 및 위생, 서무 회계를 담당했고, 공족부 직원은 공족 집안의 서무 회계를 담당했다.[7]

1915년~1918년 개정된 이왕직 부서

1915년에 이왕직 사무 분장 규정이 개정되면서 1사 6과를 설치했다. 1사 6과는 장시사掌侍司, 서무과庶務課, 회계과會計課, 주전과主殿課, 제사과祭祀課, 농사과農事課, 장원과掌苑課이다.

----

[7] 『순종실록부록』 권2, 순종 4년 2월 1일.

장시사는 창덕궁의 신변과 의료 및 위생, 나인, 공선 및 향연, 의식, 빈객 접대, 왕가의 보첩, 사장, 고인 등을 관리했다. 서무과는 직원의 인사와 신분, 장관과 차관의 관인 및 직인 관리, 궁궐 내 규정 및 중요한 공문서의 기초 및 심사, 공문서류의 접수·발송·편찬·보관 및 통계 보고, 도서의 보관·출납·반납·열람, 증답贈答(주고받는 물건), 다른 주관에 속하지 않는 일을 담당했다. 회계과는 출납 및 재물 용도, 재산, 미술품 만드는 공장 및 마구간, 이왕가의 회계 감독을 담당했다. 주전과는 궁궐 및 창덕궁 내 청사와 부속 건물 관리, 건축물 수리를 담당했다. 제사과는 제사, 묘·전·궁·능·원·묘의 관리를 담당했다. 농사과는 임업, 농장, 말 목장, 유우장乳牛場(젖소 농장)을 관리했고, 장원과는 박물관, 동물원, 정원, 식물원을 관리했다.[8]

1916년에는 의식과儀式課를 추가로 설치했다. 의식과는 장시사의 업무였던 의식과 빈객 접대 및 향연을 담당했다.[9] 1918년에는 이왕직 사무분장 규정 중에서 주전과를 영선과營繕課로 개칭하고 농사과를 폐지했다.[10]

---

8 『순종실록부록』 권6, 순종 8년 3월 24일.
9 『순종실록부록』 권7, 순종 9년 6월 10일.
10 『순종실록부록』 권9, 순종 11년 6월 15일.

1920년 개정된 이왕직

1920년에는 기존 이왕직 과를 모두 새로 규정하면서 장시사, 서무과, 회계과, 예식과禮式課만 두었다. 장시사는 창덕궁 의료, 향연, 나인, 왕가의 보첩, 사장, 고인의 관리를 담당했고, 서무과는 관리·촉탁원, 고원 및 용원의 인사, 장관과 차관의 관인 및 직인 관리, 궁궐 규율, 기타 중요한 공문서의 기초 및 심사, 장관 특명, 문서 접수 발송 편찬 및 보존, 통계 및 보고, 진헌進獻(왕께 공물을 바침) 증답, 박물관, 동물원, 정원, 식물원, 도서, 다른 과에서 담당하지 않는 일을 담당했다. 회계과는 출납, 재산, 궁궐 및 청사와 부속물 관리, 건축물 수리, 삼림, 미술품 제작소, 마차와 목장, 위생, 공가 회계 감독을 담당했다. 예식과는 제사, 묘제, 궁, 무덤 및 부속 삼림 관리, 의식, 빈객 접대, 아악을 담당했다.[11]

----
11 『순종실록부록』 권11, 순종 13년 10월 30일.

의친왕 이강의 장남 이건과 그의 일본인 부인을 촬영한 흑백 사진

국립고궁박물관 소장

영친왕과 이방자 어진,
서울역사박물관 소장

王殿下御眞　　　王妃方子殿下御眞

李王家御一族 (右より王妃李○姫堂李○妃王太李○王世子各殿下)

3

조선
총독부

조선총독부 설치 과정

　　조선총독부朝鮮総督府는 일제 강점기에 일본이 조선에 설치한 식민 통치 기구다. 1910년에 대한제국을 완전히 병합한 일본은 보다 강력한 통치를 위해 통감부를 폐지하고 조선총독부를 설치했다. 조선총독부의 최고 권력자는 소선총독으로, 입법·사법·행정 3권을 장악하고 조선이 독립한 1945년 8월까지 막강한 권력을 휘둘렀다. 조선 총독의 지위와 권한은 1910년 9월 30일에 공포된 칙령 354호 <조선총독부관제>에 규정되었다. 칙령에 기재된 조항은 다음과 같다.

　　제1조 조선총독부에 조선총독朝鮮総督을 둔다. 총독은 조선을 관할

한다.

제2조 총독은 친임이며 육해군대장으로써 충원한다.

제3조 총독은 천황에 직예하여 위임의 범위내에서 육해군을 통솔하며 또 조선 방비의 사무를 담당한다. 총독은 제반의 정무를 통할하고 내각총리대신을 통해 상주하며 또 재가를 받는다.

제4조 총독은 직권 또는 특별한 위임에 의하여 <조선총독부령>을 반포하고, 이에 1년 이하의 징역 혹은 금고나 구류, 200원 이하의 벌금 또는 과료의 벌칙을 부과할 수 있다.

제5조 총독은 소관관청의 명령 또는 처분이 규제에 어긋나고 공익을 해치거나 권한을 범하는 사항이 있다고 인정될 때는 그 명령이나 처분을 취소하거나 정지할 수 있다.

제6조 총독은 조선총독부 부서의 관리를 감독하고 주임문관奏任文官의 인사이동은 내각총리대신을 통해 이를 상주하며 판임문관判任文官 이하의 인사이동은 전행한다.

제7조 총독은 내각총리대신을 통해 소속 부서 문관의 공훈과 직위를 줄 때 상주할 수 있다.

조선총독 아래에는 정무총감政務總監이 있다. 정무총감은 친임이며 정부의 사무를 총괄했고 조선총독부 소속 기관의 사무를 감독했다. 조선총독부 소속 기관은 총무관방, 총무부, 내무부, 탁지부, 농상공부, 사법부가 있다. 조선총독부에는 조선총독과 정무총감을 포함하여 칙임관 조선총독부장관朝鮮總督府長官 5명, 칙임관이나 주임관 조선총독부국장朝鮮總督府局長 9명, 주임관 참사관 전임 2명(1명은 칙임관), 주임관 비서관 전임 2명, 조선총독부서기관 전임 19명, 조선총독부사무관 전임 19명, 기사 전임 30명(2명은 칙임관), 통역관 전임 6명, 판임관 부속·기수·통역생 전임 총 337명이 있다.

장관은 5부 각 기관의 사무를 담당했다. 비서관은 기밀에 관한 사무를 담당했고, 서기관은 5부에 배치되어 기관의 업무를 담당했다. 사무관은 5부에 배치되어 기관의 사무를 맡았고, 기사는 5부에 배치되어 기술을 담당했다. 통역관은 5부에 배치되어 통역을 맡았고, 속·기수·통역생은 5부에 각각 배치되어 회계업무와 기술, 통역에 종사했다.[1] 조선총독부 소속 기관의 직원은 일본인이 95%, 한국인 5% 정도를 차지했다.

---

1 『조선총독부 관보』 제0028호, 「명치 43년 9월 30일」, 칙령 제354호.

조선총독부 총괄 기관

총독관방

　총독관방總督官房은 조선총독을 보좌하기 위해 설치된 기관으로 오늘날 대통령, 국무총리 비서실과 같은 역할을 했다. 총독관방은 조선총독부가 설치된 1910년 9월에 설립되었고 1945년 8월에 폐지되었다. 1910년 총독관방이 설치되었을 때 부서로 비서과와 무관실武官室이 생겼고, 1912년에 참사관실參事官室, 총무국, 외사국, 토목국土木局이 신설되었으며 1918년에 철도국이 추가되었다.

총독관방 소속 부서

비서과

비서과는 기밀문서와 전신, 총독의 특명에 의한 기밀 사무 등을 담당했다. 1934년에 비서관실로 명칭이 바뀌었다. 직원은 1910년부터 1943년까지 비서관 1~3명, 통역관 1~5명, 사무관 1명, 참사관 3명(1910년에만 존재), 일본의 궁내성에서 내리는 명을 받고 일하는 어용괘御用掛 2명, 속 3~12명, 임시직 촉탁嘱託 1~3명이 배치되었다.[2]

무관실

무관실은 군사, 군사첩보, 전령 및 경호에 관한 업무를 담당했다. 직원은 무관武官 2~3명, 전속부관專屬副官 1명, 속 1명, 참사관 3명(1911년에만 존재)이 있다.[3] 무관실은 1920년에 폐지되었다.

참사관실

참사관실은 법령의 심의입안 · 해석적용 및 중요한 처분의 심의, 특

---

2   『일본제국직원록』 1910년-1943년, 「조선총독부」, <총독관방>, 비서과.
3   『일본제국직원록』 1910년-1919년, 「조선총독부」, <총독관방>, 무관실.

명에 따른 제도 및 구관 조사 업무를 담당했다. 직원은 참사관 2~13명, 사무관 1명, 속 2~10명, 통역생(1915년에만 존재), 식보殖補 1명(1917년 ~1918년에만 존재), 판임관 견습見習 1명(1918년에만 존재)이 있다.[4] 참사관실은 1924년까지 존재했다.

외사국

외사국은 영사관 및 외국인, 해외이민 및 재외조선인, 외국문서의 초안 및 번역, 기타 섭외 업무를 담당했다. 외사과는 1916년에 처음 등장했고 1937년에 외무부로 명칭이 바뀌었다. 외사국 직원은 사무관 1명, 통역관 1명, 속 2명이 있었고, 외무부 때에는 사무관 7명, 기사 3명, 통역관 2명, 속 8명이 있었다.[5]

총무국

총무국總務局은 총무, 인사, 회계, 인쇄 업무를 담당한 기관으로 책임자는 총무국장이며 1920년에 서무부庶務部로 명칭이 바뀌었지만 1921년에 기관이 완전히 폐지되었다. 총무국 부서는 총무과, 인사과, 회계과, 인쇄소로 나뉜다. 총무국의 총무과는 문서 · 접수 · 발송 · 사

---
4 『일본제국직원록』 1910년-1924년, 「조선총독부」, <총독관방>, 참사관실.
5 『일본제국직원록』 1910년-1924년, 「조선총독부」, <총독관방>, 참사관실.

열·편찬 및 보존, 총독관방 인장 관수, 관보 및 인쇄물, 통계 및 보고, 도서, 박물관 업무를 담당했다. 총무과는 1920년에 문서과로 명칭이 바뀌었다. 총무과(문서과) 직원은 사무관 5명, 통역관 2명, 식보 1명, 속 12~13명이 있다.[6]

인사과는 관원·촉탁원·고원의 인사이동, 왕족·공족·조선귀족, 이왕직 직원 인사이동, 서위 및 서훈, 포상, 연금 및 유족 부조금을 담당했다. 1919년에 총무국의 인사과를 폐지하고 업무를 비서관으로 이관했다. 인사과 직원은 사무관 1명, 속 8명, 통역생 2명이 배치되었다.[7] 회계과는 출납 및 용도, 예산 배부, 국비·지방비·기타 특별경비의 회계 감사, 보관물 및 공탁물, 이왕직 경비의 회계심사, 청사 및 관사 수리, 조선총독부 내 주의를 담당했다. 직원은 사무관 2명, 속 18명이 배치되었다.[8] 인쇄소는 인쇄에 관한 업무를 담당했고 직원은 사무관 1명, 기사 1명, 속 8명, 기수 10명이 있다.[9]

토목국

토목국은 토목과 수리에 관한 업무를 담당한 기관으로 1912년에 설치되었고, 1920년에 토목과土木課로 명칭이 바뀌었지만 이듬해에 폐

---
6 『일본제국직원록』 1910년-1943년, 「조선총독부」, <총독관방>, 외사과와 외무부.
7 『일본제국직원록』 1910년-1919년, 「조선총독부」, <총독관방>, 총무국.
8 『일본제국직원록』 1910년-1920년, 「조선총독부」, <총독관방>, 총무국.
9 『일본제국직원록』 1910년-1920년, 「조선총독부」, <총독관방>, 총무국.

지되었다. 토목국 부서는 토목과와 영선과가 있고 토목국 관할 지방 출장소가 있다. 토목과는 도로·하천·수리 및 상하수, 수면매축水面埋築 및 사용, 지방토목공사 감독, 토지수용에 관한 업무를 담당했다.[10] 토목과 직원은 사무관 2명, 기사 10명, 속 8명이 있다. 영선과는 건축 수리, 지방 영선공사 감독, 관유재산 정리를 담당했다. 영선과 직원은 사무관 2명, 기사 4명, 속 14명이 있다. 토목국 관할 지방 출장소는 평양, 원산, 청진, 부산, 인천, 강변, 경성에 있었다. 출장소는 각 지역의 건축물을 수리와 공사를 담당했다. 출장소마다 기사 1명, 속 1명, 기수 11명씩 배치되었다.[11]

철도국

철도국은 조선에 설치된 철도를 관리하는 기관으로 1918년에 설치되었고, 1920년에 철도부로 명칭이 바뀌었지만 같은 해에 폐지되었다. 철도국 부서는 감리과監理課와 공무과工務課가 있다. 감리과는 철도의 일반계획, 위탁 국유 철도의 운수 및 부대 사무, 위탁 국유철도에 속한 관유재산 정리, 사설 경편 철도 및 궤도를 담당했다. 감리과 직원은 사무관 2명, 기사 1명, 속 5명이 있다. 공무과는 철도노선의 조사, 위탁 국유철도 건설·개량공사 계획과 감독, 위탁 국유철도의 보존 업무를

---
10 수면매축은 바닷가나 강가를 메워 뭍을 만드는 일을 말한다.
11 『일본제국직원록』 1910년-1920년, 「조선총독부」, <총독관방>, 토목국.

담당했다. 공무과 직원은 기사 5명, 기수 6명이 있다.[12]

기타 부서

감찰관실

감찰관실監察官室은 단체 규율과 구성원의 행동을 감독하고 살피는 부서로 1922년에 설치되었고 1924년에 폐지되었다. 직원은 감찰관 6명, 속 4명이 있다.[13]

심의실

심의실審議室은 법령의 심의입안, 법령의 해석적용, 특명에 따른 조사를 담당했다. 1925년에 설치되었고 1942년에 폐지되었다. 심의실 직원은 사무관 8명, 속 2명이 있다.[14]

---

12 『일본제국직원록』 1918년-1920년, 「조선총독부」, <총독관방>, 철도국.
13 『일본제국직원록』 1922년-1924년, 「조선총독부」, <총독관방>, 감찰관실.
14 『일본제국직원록』 1925년-1942년, 「조선총독부」, <총독관방>, 심의실.

임시국제조사과와 국제조사과

임시국제조사과臨時國際調查課와 국제조사과際調查課는 정확히 어떤 업무를 담당했는지 확인할 수 없지만 국제적 사항을 담당한 것으로 보인다. 임시국제조사과는 1930년에 설치되었다가 1936년에 폐지되었고, 국세조사과는 1937년에 설치되었다가 1942년에 폐지되었다. 임시국제조사과와 국제조사과의 직원은 사무관 1명, 통계관 1명, 속 2명, 임시직 촉탁 4명이 있다.[15]

국민총력과

국민총력과國民總力課는 1940년 11월에 창간한 잡지 『국민총력國民總力』을 담당한 부서로 추측된다. 『국민총력』은 조선 내에 일본을 우상화하거나 선동하여 식민지 조선인과 일본인을 대상으로 군사형 신민을 생산하고 육성하기 위해 발간된 군국주의적 전쟁 잡지다. 『국민총력』으로 친일행각을 하는 자들은 국민총력동맹을 맺기도 했다. 국민총력과는 1941년에 설치되었고 같은 해에 없어졌다. 국민총력과 직원은 사무관 4명, 기사 1명, 속 15명이 있다.[16]

---
15 『일본제국직원록』 1930년-1942년, 「조선총독부」, <총독관방>, 임시국제조사과와 국제조사과.
16 『일본제국직원록』 1941년, 「조선총독부」, <총독관방>, 국민총력과.

정보과

정보과情報課는 어떤 업무를 담당했는지 알 수 없다. 1942년에만 존재했던 정보과의 직원은 사무과 5명, 조사관 1명, 이사관 2명, 속 12명이 있다.[17]

---

17 『일본제국직원록』 1942년, 「조선총독부」, <총독관방>, 정보과.

조선총독부의 소속 5부

총무부

총무부는 조선총독부의 외무·인사·회계를 담당한 중앙행정기구로 1910년 9월에 설치되었고 1912년 3월에 폐지되었다. 총무부는 총독과 정무총감의 측근에서 행정업무를 처리하는 기구라 총독관방과 기능이 비슷하다. 총무부 책임자는 총무부장관 1명이고, 총무부 소속 부서는 외사국, 인사국, 회계국, 문서과가 있다.[18]

---

18 『일본제국직원록』 1910년, 「조선총독부」, 총무부.

총무부 소속 부서

외사국

외사국은 조약·협정, 영사관·외국인, 해외 이민과 재외 조선인, 러·청 국경 관련 업무를 담당한 부서다. 직원은 국장 1명, 서기관 1명, 통역관 1명, 속 2명이 있다.[19]

인사국

인사국은 관리·촉탁원·고원의 인사이동, 이왕직 직원의 인사이동, 조선 귀족, 포상 및 서위·서훈, 의복 제도에 관한 업무를 담당한 부서다. 직원은 국장 1명, 사무관 1명, 속 6명, 통역생 2명이 있다.[20]

회계국

회계국은 회계업무와 건축물 수리를 담당한 부서로 책임자는 국장 1명이다. 회계국 내에 경리과와 영선과가 있다. 경리과는 출납, 회계 감사, 관유 재산, 총독부 내 법령·규칙 통제를 담당한 과로 직원은 서

---

19 『일본제국직원록』 1910년, 「조선총독부」, <총무부>, 외사국.
20 『일본제국직원록』 1910년, 「조선총독부」, <총무부>, 인사국.

기관 1명, 사무관 1명, 속 18명이 있다. 영선과는 건축물 수리를 담당한 과로 직원은 사무관 1명, 기사 2명, 속 9명, 기수 8명이 있다.[21]

문서과

문서과는 문서의 접수 · 발송 및 편찬 · 보존, 총독과 정무총감의 인장 관리, 조선총독부의 인장 관리, 관보, 통계 및 보고를 담당한 부서로 직원은 서기관 1명, 참사관 1명, 통역관 1명, 속 12명, 촉탁 1명, 통역생 1명이 있다.[22]

내무부

내무부는 조선총독부의 지방 · 교육에 관한 업무를 담당한 중앙행정기구로 1910년 9월에 설치되었고 1919년 8월에 내무국으로 개편되었다. 내무부에는 책임자 장관 1명이 있고, 소속 부서로 서무과, 지방국, 학무국이 있다.

---

21 『일본제국직원록』 1910년, 「조선총독부」, <총무부>, 회계국.
22 『일본제국직원록』 1910년, 「조선총독부」, <총무부>, 문서과.

내무부 소속 부서

서무과

　서무과는 내무부 소관 문서의 접수와 발송, 통계와 보고자료 수집, 부내 타과가 주관하지 않는 사무를 담당한 내무부 소속 부서다. 서무과 직원은 서기관 1명, 통역관 1명, 속 10명이 있다.[23] 서무과는 1912년에 폐지되었다.

지방국

　지방국은 지방행정과 위생, 토목에 관련한 업무를 담당한 내무부 소속 부서다. 지방국은 책임자 국장 1명이 있고, 산하로 지방과, 토목과, 위생과, 지방 파출소가 있다. 지방과는 지방행정 및 경제, 병사, 구휼 및 자선사업, 지리·지적 및 토지가옥증명, 공공조합, 종교와 향사에 관한 업무를 담당했다. 지방과 직원은 사무관 1명, 속 9명이 있다. 토목과는 도로·하천·항만·사방 및 수리, 상수 및 하수에 관한 업무를 담당했다. 토목과 직원은 사무관 1명, 속 6명, 기수 2명이 있다. 위생과는 공중위생, 의사·약제사·산파 및 간호부의 업무, 병원 및 위생회, 기타 위생시험을 담당했다. 위생과 직원은 과장심득課長心得 1명,

---
23　『일본제국직원록』 1910년, 「조선총독부」, <내무부>, 서무과.

기수 3명, 촉탁 1명, 임시직 촉 2명, 기수 1명이 있다.

지방파출소에는 토지 관리와 토목 관련 업무를 담당한 지방국 소속 기술자들을 배치하여 관리했다. 지방국 소속 기술자는 평양, 진남, 대구, 마산, 진주晉州, 나주羅州, 장흥長興, 청진, 창평昌平, 천안, 조치원鳥致院, 경주慶州, 성흥聖興, 영흥, 사리원沙里院, 전주에 배치되었다. 각 파출소에는 속 1명, 기수 3~5명씩 배치되었다.[24]

학무국

학무국은 학교와 교과서 제작에 관한 업무를 맡은 내무부 소속 부서다. 학무국은 1919년 8월에 내무부에서 독립하여 조선총독부 소속 기구로 승격되었다. 학무국은 책임자 국장 1명이 있고, 부서 산하로 학무과學務課와 편집과編輯課가 있다. 학무과는 학교, 유치원, 도서관, 기타 학교를 관리했다. 학무과 직원은 사무관 1명, 속 8명, 촉탁 2명이 있다. 편집과는 교과용 도서 편집·반포·검정 등에 관련된 업무를 담당했다. 편집과 직원은 사무관 1명, 기사 2명, 속 3명이 있다.[25]

....
24 『일본제국직원록』 1910년, 「조선총독부」, <내무부>, 지방국.
25 『일본제국직원록』 1910년, 「조선총독부」, <내무부>, 학무국.

관측소

1912년에 통신관서에 속해 있던 관측소는 내무부 소속으로 이관되어 내무부의 관리 감독을 받다가 1919년 8월에 학무국이 내무부에서 독립할 때 학무국 소속이 되었다. 내무부 소속 관측소는 경성측후소, 목포측후소, 대구측후소, 부산측후소, 강계측후소, 평양측후소, 용암포측후소, 원산측후소, 성진측후소를 관리했다.[26] 측후소에는 기수가 1명씩 배치되었다.

관측소 사무 분장은 서무계, 관측계, 조사계가 있다. 서무계는 인사, 관측소 인장 보관 및 사용, 사업 보고 및 기록, 문서 발송, 도서 보관 및 정리, 회계, 기타 잡무를 담당했다. 관측계는 지방에 배치된 측후소를 통해 정보를 전달받아 기상의 관측 및 보고, 시각의 측정 및 통보, 지진미동 관측 및 보고, 기상전보의 발수 및 정리, 천기예보 및 폭풍경보 발포 등을 담당했다.[27] 조사계는 사업의 관리 및 계획, 연구 및 조사, 학술보고의 교열 및 편찬, 민력民曆[28] 및 편람 편찬, 작종 원부의 편찬에 관한 업무를 담당했다.[29]

---

26 측후소는 기상대의 옛 이름이다.
27 기상전보는 지방 기상청, 기상대 등에서 관측한 결과를 기상청에 통지하는 전보다.
28 민력은 민간에서 만든 책력冊曆(천체를 측정하여 해와 달의 돌아다님과 절기를 적은 책)이다.
29 『일본제국직원록』 1910년, 「조선총독부」, <내무부>, 관측소.

1915년 내무부

1915년에는 내무부 규정 개정으로 1국 2과 체제로 개편되면서 제1과, 제2과, 학무국에 변화가 생겼다. 제1과는 도·부·군·도·면의 행정, 지방비, 신사 및 사원, 종교, 병사 등에 관한 업무를 담당했다. 제1과 직원은 사무관 2명, 식보 1명, 속 9명, 판임관견습 2명이 있다. 제2과는 지방단체 및 공공조합, 부동산 증명, 구휼 및 자선, 조선총독부의원, 도 자혜의원慈惠醫院(지방 병원), 제생원濟生院 등에 관한 업무를 담당했다.[30] 제2과 직원은 사무관 2명, 식보 1명, 속 10명이 있다.

학무국은 학무과와 편집과가 소속된 부서로 직원은 국장 1명, 견학관㷳學官 2명, 견학㷳學 3명이 있다. 학무과는 교육과 학예, 학교, 유치원, 도서관, 조선총독부관측소, 경학원經學院에 관한 업무를 담당했다.[31] 학무과 직원은 사무관 1명, 속 11명이 있다. 편집과는 교과용 도서, 민력 출판 및 반포를 담당했다. 편집과 직원은 사무관 1명, 편집관 3명, 속 4명, 편수서기編修書記 3명이 있다.[32]

---
30 제생원은 조선시대 백성들의 질병 치료를 위해 설치된 의료 기관이다.
31 경학원은 1887년(고종 24년)에 성균관이 개칭된 이름이다.
32 『일본제국직원록』 1915년, 「조선총독부」, 내무부.

탁지부

탁지부度支部는 조선총독부의 예산·결산·세무·화폐·금융에 관한 업무를 담당한 중앙행정기구로 1910년 9월에 설치되었다. 탁지부에는 서무과, 세관공사과稅關工事課, 사세국司稅局, 사계국司計局이 있고, 세관공사과에는 출장소, 사세국에는 연초시작장煙草試作場과 양조시험소釀造試驗所가 설치되었다. 1912년 3월에 탁지부를 규정하면서 사세국과 사계국만 남기고 나머지는 모두 폐지했다. 1915년에는 사세국과 사계국을 폐지하고 세무과, 관세과, 사계과司計課, 이재과理財課, 전매과專賣課 체제로 개편되었다. 1918년에 임시관세조사과臨時關稅調査課를 신설했다. 1919년 8월에 탁지부가 재무국으로 바뀌었다.

탁지부 소속 부서

서무과

서무과는 문서의 접수 및 발송, 통계와 보고자료 수집, 부내 타과가 담당하지 않는 업무를 담당한 부서다. 서무과 직원은 사무관 3명, 통역관 1명, 속 9명, 통역생 2명이 있다. 서무과는 1912년에 폐지되었다.[33]

---

33 『일본제국직원록』 1910년, 「조선총독부」, <탁지부>, 서무과.

세관공사과

세관공사과는 세관 부속공사, 세관이 설치되는 항만의 축조를 담당한 부서다. 세관공사과 직원은 사무관 1명, 기사 3명, 속 4명, 기수 12명이 있다. 세관공사과 소속 출장소는 부산, 인천, 진남포, 청진에 설치되었다. 각 출장소에는 기사 1명, 속 2명, 기수 2명이 배치되었다. 세관공사과는 1912년에 폐지되었다.[34]

사세국

사세국은 국세와 세관에 관련된 업무를 담당하는 부서로 1915년 4월에 폐지되었다. 사세국에는 세무과와 관세과, 양조시험소, 연초시작장이 속했다. 세무과는 국세 및 기타 세무, 재원조사, 세외 제수입, 세법 위반자 처분 등 세무에 관한 업무를 담당했다. 세무과 직원은 서기관 3명, 사무관 2명, 기사 2명, 속 13명이 있다. 관세과는 관세, 이출입세, 선세 및 세관 제수입, 관세경찰 및 범칙자, 선박, 선로 등을 담당했다. 관세과 직원은 서기관 1명, 기사 2명, 촉탁 1명, 속 10명, 기수 2명이 있다.

양조시험소는 주류 및 양조품 시험 연구와 분석, 감정, 양조공업 지도 및 강습을 담당한 기관이다. 양조시험소 직원은 속 1명, 기수 4명이

---
34 『일본제국직원록』 1910년, 「조선총독부」, <탁지부>, 세관공사과.

있다. 연초시작장은 잎담배를 생산하는 기관으로 대전과 대구에 있었다. 대전연초시작장에는 속 1명, 기수 4명이 있고, 대구연초시작장에는 기수 3명이 있다.[35]

사계국

사계국은 예산 및 재무 행정을 담당한 부서로 책임자 국장 1명이 있고, 1915년 4월에 폐지되었다. 사계국에는 예산결산과와 재무과가 속했다. 예산결산과는 회계 법규, 예산 결산, 예비금 지출 및 예산 유용, 주계부主計簿 등기, 세입 세출 보고를 담당했다.[36] 예산결산과 직원은 서기관 1명, 사무관 1명, 속 12명이 있다. 재무과는 국채 및 차입금, 자금 운용, 화폐 및 태환권兌換券, 은행 및 기타 금융기관, 보관물 및 공탁물, 지방 재무감독을 맡았다.[37] 재무과 직원은 서기관 1명, 사무관 2명, 속 11명이 있다.[38]

---

35 『일본제국직원록』 1910년, 「조선총독부」, <탁지부>, 사세국.
36 주계부는 세입, 세출의 예산액 및 출납을 기재하는 장부다.
37 태환권은 발권은행이 언제든지 액면금액의 금을 지참인에게 지불할 것을 보증하는 채무증권(태환은행권)으로 중앙은행에서 발행한 지폐다.
38 『일본제국직원록』 1910년, 「조선총독부」, <탁지부>, 사계국.

근대

1915년 탁지부 부서

1915년에 행정사무 간소화와 정원 감축으로 탁지부 기존 부서들을 모두 폐지하고 새로운 부서를 신설했다. 이때 설치된 부서는 세무과, 관세과, 사계과, 이재과, 전매과가 있다. 세무과는 조세 부과와 징수, 토지대장, 역둔토驛屯土[39], 세외수입, 제대부금[40], 지방 단체 및 공공조합의 공과公課[41]을 담당했다. 세무과 직원은 사무관 3명과 속 15명이 있다. 관세과는 관세, 이출입세(한국과 일본 간의 관세), 수입물품 관세, 세관수입, 관세 관련 범칙자 처분, 상옥上屋, 보세창고, 세관창고 관리 감독, 이 밖의 관세 행정 관리 감독, 외국 무역 조사를 담당했다.[42] 관세과 직원은 사무관 1명, 기사 4명, 속 10명, 기수 2명이 있다.

사계과는 예산 결산, 정액조월定額繰越 및 연도개시 전 지출, 과목 설치, 주계부 등기, 세입 세출 보고를 담당했다.[43] 사계과 직원은 사무관 2명과 10명이 있다. 이재과는 국채 및 차입금, 화폐 및 태환권, 일반 금융, 은행 기타 금융기관, 지방 단체 및 공공조합의 기채를 담당했다. 이재과 직원은 사무관 3명, 식보 2명, 속 14명이 있다. 전매과는 홍삼 전매, 인삼 및 연초의 제작, 홍삼 전매 범칙자 처분 및 기타 업무, 소금

---
39 역둔토는 역참에 부속된 토지로 일반 경비와 소속 관리의 봉급 및 말을 양육하는 데 필요한 비용을 마련하는 땅을 말한다.
40 제대부금은 모든 대금과 부금(일정한 기간에 내거나 받는 돈)을 말한다.
41 공과는 국가나 공공단체가 군민에게 부과하는 돈이나 육체적인 일을 말한다.
42 상옥은 수송화물을 보관 및 선발하거나 작업 또는 대기하기 위해 부두나 역 가까이에 지은 건물을 말한다.
43 정액조월은 이번에 해야 할 일을 일정 기간 안에 끝맺지 않고 다음 기간으로 넘기는 것을 말한다.

제조·판매·수출입·이출입 및 저장, 염전 시설과 경영, 소금 제조 면허 및 기타 업무를 담당했다. 전매과 직원은 사무관 1명, 기사 1명, 속 7명, 기수 8명이 있다.[44]

1918년 신설한 부서

임시관세조사과

임시관세조사과臨時關稅調査課는 1918년에 설치된 부서로 관세 제도 및 관세정률 등의 조사 업무를 담당했다. 임시관세조사과 직원은 사무관 2명, 기사 2명, 속 4명, 기수 2명이 있다.[45]

농상공부

농상공부農商工部는 조선총독부의 농업·수산업·광업·상공업에 관한 업무를 담당한 중앙행정기구로 1910년 9월에 설치되었고, 같은 해 10월에 농상공부에 서무과, 식산국殖産局, 상공국이 설치되었다. 1912년에 서무과, 상공국을 폐지하고 농림국農林局을 신설했다. 1915년에는 농림국과 식산국도 폐지하고 농무과, 산림과, 수산과, 상공과,

---
44 『일본제국직원록』 1915년, 「조선총독부」, 탁지부.
45 『일본제국직원록』 1919년, 「조선총독부」, <탁지부>, 임시관세조사과.

광무과를 설치했다. 1918년에는 농상공부 내에 지질조사소地質調査所를 설치했다. 1919년에는 농상공부를 폐지하고 식산국으로 개편했다.

1910년 농상공부 부서

1910년에 설치된 농상공부 부서는 서무과, 식산국, 상공국이 있다. 서무과는 농상공부에 관한 문서 접수 및 발송, 통계 및 보고자료 수집, 부내 타과에서 맡지 않는 일을 담당했다. 서무과 직원은 통역관 1명, 서기관 1명, 속 5명이 있다. 식산국은 농업·산림·수산을 담당한 부서로 책임자는 국장 1명이다. 식산국 내에 농무과, 산림과, 수산과가 있다. 농무과는 농업과 잠업, 축산과 수렵, 국유미간지, 관개, 권업모범장 및 농림학교에 관한 업무를 담당했고 소속 직원은 서기관 1명, 기사 3명, 속 8명, 기수 6명이 있다. 산림과는 삼림, 산야에 관한 업무를 담당했고 소속 직원은 서기관 1명, 기사 2명, 속 3명, 기수 10명이 있다. 수산과는 수산과 수산조합에 관한 업무를 담당했고 소속 직원은 서기관 1명, 사무관 1명, 기사 2명, 속 3명, 기수 5명, 통역생 1명이 있다.

상공국은 광업과 상공업에 관한 업무를 담당한 부서로 책임자 국장 1명이 있다. 상공국 내에는 광무과와 상공과가 있다. 광무과는 광업, 평양광업소에 관한 업무를 담당했고 소속 직원은 과장 1명, 사무관 1명, 기사 3명, 속 2명, 기수 8명, 통역생 1명이 있다. 상공과는 상공업, 도량형, 공업전습소工業傳習所에 관한 업무를 담당했다. 소속 직원은

서기관 1명, 사무관 1명, 기사 1명, 속 5명, 기수 2명, 통역생 1명이 있다.[46]

1915년 농상공부 부서

1915년 4월 30일에 행정 사무 간소화와 정원 감축으로 1910년에 설치된 농상공부 부서들이 모두 폐지되고, 부서 내 농무과·산림과·수산과·상공과·광무과를 독립 부서로 설치했다. 1915년 농무과 직원은 사무관 1명·기사 4명·식보 1명·속 6명·기수 8명, 산림과 직원은 사무관 2명·기사 5명·속 6명·기수 7명, 수산과 직원은 사무관 1명·기사 2명·속 4명·가수 12명·통역생 1명, 상공과 직원은 사무관 2명·기사 1명·식보 1명·속 7명·기수 5명·판임관견습 1명, 광무과 직원은 사무관 1명·기사 6명·속 2명·기수 11명이 있다.[47]

사법부

사법부司法部는 조선총독부의 사법에 관한 업무를 담당한 중앙행정기구로 1910년 9월에 설치되었고, 10월에 사법부에 서무과, 민사과, 형사과를 설치했다. 서무과는 사법부에 관한 문서의 접수와 발송, 통계

---

46 『일본제국직원록』 1910년, 「조선총독부」, 농상공부.
47 『일본제국직원록』 1915년, 「조선총독부」, 농상공부.

및 보고 재료 수집, 변호사, 감옥의 설치 및 폐지, 재판소의 설치와 폐지 및 관할 구역 등에 관한 업무를 담당했다. 서무과 직원은 서기관 1명과 속 11명이 있다. 민사과는 민사 사건과 비송사건에 관한 업무를 담당했고 소속 직원은 서기관 1명과 속 2명이 있다. 형사과는 형사사건과 검찰 · 감옥 · 은사恩赦[48] 및 출옥인 보호에 관한 업무를 담당했고 소속 직원은 서기관 1명, 사무관 1명, 속 5명이 있다.[49]

1912년에는 서무과를 폐지하고 감리과를 설치했고, 1915년에는 감리과와 민사과를 법무과로 바꾸었으며 형사과를 감옥과로 변경했다. 법무과는 민사 · 형사 및 비송사건, 재판사무, 검찰사무, 범죄인 인도, 은사 · 복권 및 형의 집행, 재판소의 설치와 폐지 및 관할구역, 변호사 · 소송대리인 및 패산관재인破産管財人[50]에 관한 업무를 담당했다. 법무과 직원은 사무관 3명과 속 13명이 있다. 감옥과는 감옥, 가출옥 및 출옥인 보호, 범죄인의 이동식별에 관한 업무를 담당했고 소속 직원은 사무관 2명과 속 10명이 있다.[51] 1919년에는 사법부를 법무국으로 개편했다.

---

48 은사는 왕이 특별히 은혜를 베풀어 형벌을 용서해주거나 형량을 줄여주는 처분을 말한다.
49 『일본제국직원록』 1910년, 「조선총독부」, 사법부.
50 파산관재인은 채권을 회수해 채권자들에게 공평하게 나누어주는 일을 하는 사람이다.
51 『일본제국직원록』 1916년, 「조선총독부」, 사법부.

1919년~1945년 오부의 후속기구

내무국

　내무국은 조선총독부의 지방·토목·사회사업·노무에 관한 업무를 담당한 중앙행정기구로 내무부의 후속기구다. 1919년 내무부를 내무국으로 개편하고 제1과와 제2과를 설치했다. 제1과는 도·부·군·도·면의 행정, 지방비, 임시은사금, 신사 및 사원, 종교 활동, 병사에 관한 업무를 담당했다. 제1과 직원은 사무관 2명, 식보 1명, 속 13명이 있다. 제2과는 지방단체 및 공공조합, 부동산 증명, 구휼 및 자선, 제생원의 업무를 담당했다. 제2과 직원은 사무관 1명, 식보 1명, 속 9명이

있다.[52]

1921년에는 제1과를 지방과로, 제과를 사회과로 개편하고 1922년에 행정강습소行政講習所를 설치했다. 행정강습소는 지방 행정관리 양성을 위해 설치된 기관으로 수업기간은 1년, 강습생 정원은 50명이다. 강습생 자격은 <문관임용령>에 해당되는 자로서 30세 미만이어야 했다. 이수해야 할 학과목은 훈육 · 조선어 · 조선사 · 수학 · 습자 · 법학통론 · 헌법 · 행정법 · 민법 · 재정 · 경제 · 지방제도 · 각종 지방법규 등이 있다. 강습생은 평소 학습태도와 시험 성적을 심사해 최종 졸업자를 결정했고 졸업자는 3년간 총독이 지정한 행정관청에서 복무해야 했다.[53] 행정강습소 직원은 사무관 1명과 속 2명이 있다.[54]

1923년에 행정강습소를 지방과로 이속시켰고, 1924년에 총독관방의 토목과와 건축과를 내무국으로 이관시켰다. 1924년 지방과 직원은 사무관 1명과 속 12명과 촉탁 1명, 사회과 직원은 사무관 1명, 속 9명, 촉탁 4명, 내무국 토목과 직원은 사무관 1명, 기사 10명, 속 9명, 건축과 직원은 기사 5명, 속 8명, 기수 7명이 있다.

내무국에 토목과와 건축과가 생기면서 토목출장소土木出張所도 내무국 소속이 되었다. 토목출장소는 각 지역의 토목과 건축을 담당하는 기관으로 내무국 소속 토목출장소는 경성, 이리梨里, 부산, 사리원, 의

---

52 『일본제국직원록』 1920년, 「조선총독부」, 내무국.
53 『조선총독부 관보』 제3013호, 「조선총독부해정강습소규정」, 조선총독부령 제121호.
54 『일본제국직원록』 1923년, 「조선총독부」, 「내무국」, 행정강습소.

주, 청진에 설치되었고, 한양에는 경복궁건축출장소景福宮建築出張所를 설치했다. 직원은 기사 1~2명, 속 1~3명, 기수 3~7명 정도가 각 출장소에 배치되었다.[55]

1925년에는 행정강습소를 폐지했고, 1929년에는 건축과를 폐지했으며 1932년에는 사회과를 학무국으로 이관시켰다. 1936년에는 지방관리양성소地方官吏養成所를 설치했고 1936년에는 학무국 사회과를 내무국으로 복구시켰다. 1941년에는 내무국에 노무과를 신설했다. 1941년에는 내무국을 폐지시키고 내무국의 업무를 신설한 사정국司政局과 후생국厚生局에 이관시켰다.

재무국

재무국財務局은 조선총독부의 재무를 담당한 중앙행정기구로 탁지부의 후속 기구다. 1919년 재무국이 설치되면서 부서로 세무과, 관세과, 사계과, 이재과, 전매과, 임시관세조사과를 설치했다. 재무국 부서는 탁지부 부서와 동일하다. 1920년에 임시관세조사과를 폐지했고, 1921년에는 전매과를 폐지했다. 1924년 관세과를 세무과에 통합시켰다가 1937년에는 세무과에서 관세과를 분리했다.

1940년에는 세무관리양성소를 설치했고, 관리과를 새로 설치하면

---
55 『일본제국직원록』 1925년, 「조선총독부」, 내무국.

서 관세과를 폐지시켰다. 세무관리양성소는 세무관리의 양성을 담당한 기관으로 수업기간은 1년이며 매년 15명의 강습생을 선발했다. 강습생 연령은 17세 이상 26세 이하로 이수해야 할 과목은 훈육, 체육, 일본사, 수학, 헌법, 행정법, 민법, 상법, 형법, 형사소송법, 재정, 경제, 부기 및 회계, 상품학, 각종 세무 법규, 각종 세무 실무였다. 졸업자는 3년간 조선총독이 지정한 세무관서 또는 세관에서 의무적으로 근무했다.[56] 세무관리양성소 직원은 소장 1명과 사무관 1명이 있다.

관리과는 저축 장려, 회사경리 통제, 외국위체 관리, 금 관리, 보험에 관한 업무를 담당했고 소속 직원은 사무관 5명, 사회감사관社會監査官 1명, 기사 1명, 속 13명이 있다.[57] 같은 해 12월에는 토지조사과土地調査課를 설치했다. 토지조사과는 조선총독부가 세제 개혁을 추진하면서 지세(땅 세금)의 과세표준을 새롭게 마련하기 위해 설치한 부서로 소속 직원은 사무관 2명, 이사관 2명, 기사 1명, 속 9명, 기수 2명, 촉탁 2명이 있다.[58]

1943년에는 토지조사과를 서무과에 통합시키고 전매총무과專賣總務課, 전매사업과專賣事業課, 전매인쇄공장專賣印刷工場, 전매제약공장專賣製藥工場, 전매연구소專賣硏究所를 설치했다. 전매총무과는 전매사업의 조사 및 계획, 전매사업의 경리, 기타 전매행정 일반, 전매국 공제

---

56 『조선총독부 관보』 제2916호, 「조선총독부세무관리양성소규정」, 조선총독부령 제16호.
57 외국위체는 본국에서 외국으로 보내거나 외국에서 본국으로 보내는 수표, 어음, 지불지도서, 전신위체 및 우편위체를 말한다. 위체는 채권자에게 현금 대신 수표, 증서 따위로 결제하는 방식을 말한다.
58 『일본제국직원록』 1941년, 「조선총독부」, 재무국.

조합에 관한 업무를 담당했다. 전매인쇄공장은 도안, 제판, 인쇄 및 통판 제조를 맡은 공장이며 전매제약공장은 아편의 분석과 감정, 의약용 아편 및 마약류 제조와 판매를 맡은 공장이다. 전매연구소는 전매사업에 관한 기술적 연구와 전매기술원 양성을 담당했다. 1945년 4월에는 관리과를 이재과에 통합시켰지만 8월에 조선이 광복하면서 폐지되었다.

식산국

식산국殖産局은 조선총독부의 각종 산업에 관한 업무를 담당한 중앙행정기구로 농상공부의 후속기구다. 1919년에 농상공부를 식산국으로 개편하고 농무과, 산림과, 수산과, 상공과, 광무과를 설치했다. 농무과는 농업과 잠업, 축산과 수렵, 권업모범장과 수역혈청제조소獸疫血清製造所를 관리한 부서로 소속 직원은 사무관 3명, 기사 7명, 속 8명, 기수 11명이 있다.[59] 산림과는 삼림과 산야, 영림창을 관리한 부서로 소속 직원은 사무관 2명, 기사 5명, 속 11명, 기수 29명, 통역생 1명, 판임관견습 1명이 있다. 수산과는 수산, 수산조합과 어업조합, 수산시장을 관리한 부서로 소속 직원은 사무관 3명, 속 6명, 기수 26명이 있다. 상공과는 상공업, 회사, 상업회의소, 중요 물산 동업조합, 박람회, 공진회

---

59 수역혈청제조소는 가축위생연구소로 1911년에는 우역혈청제조소牛疫血清製造所라 불리다가 1918년에 수역혈청제조소로 개칭했다.

共進會, 상품진열관, 도량형, 중앙시험소에 관한 업무를 담당한 부서로 소속 직원은 사무관 1명, 기사 3명, 속 13명, 기수 4명이 있다. 광무과는 광업, 광업령에 의한 토지 사용, 지질조사소를 관리한 부서로 소속 직원은 사무관 2명, 기사 6명, 속 14명, 기수 47명이 있다.[60] 지질조사소는 조선 내 지질을 조사하는 연구소로 직원은 기사 4명, 속 2명, 기수 7명, 촉탁 5명이 있다.[61]

1920년에는 식산국에 토지개량과를 설치하고, 1922년에는 연료선광연구소燃料選鑛研究所를 설치했다. 토지개량과는 농업수리, 개간, 토지개량, 국유미간지를 관리하는 부서로 소속 직원은 사무관 2명, 기사 6명, 속 8명, 기수 24명이 있다.[62] 연료선광연구소는 탄전(석탄이 묻혀 있는 땅) 조사, 석탄 이용방법 조사 연구, 기타 연료 조사연구, 선광과 제련 시험을 담당한 연구소로 소속 직원은 소장사무취급所長事務取扱 1명, 사무관 1명, 기사 8명, 속 4명, 기수 11명이 있다.[63]

1926년에는 산림과를 폐지하고 산림부를 신설하여 수리과水利課와 개간과開墾課를 설치했다. 산림부는 조선임야조사사업(1917년~1924년) 종료 이후 효율적인 임정林政(임업에 관한 행정) 추진을 위해 식산국 산림과와 영림창으로 이원화되었던 임정기구를 통일하기 위해 설치되었다. 수리과와 개간과는 산미증식계획의 핵심 사업인 토지개량사업

---

60 공진회는 보부상들로 조직된 혁신 운동 단체다.
61 『일본제국직원록』 1920년, 「조선총독부」, 식산국.
62 『일본제국직원록』 1921년, 「조선총독부」, 「식산국」, 토지개량과.
63 『일본제국직원록』 1923년, 「조선총독부」, 「식산국」, 연료선광연구소.

이 본격화되면서 토지개량과 업무가 크게 늘자 이를 해결하기 위해 설치한 부서다. 수리과 직원은 사무관 1명, 기사 7명, 속 5명, 기수 31명이 있고, 개간과 직원은 사무관 1명, 기사 2명, 속 4명, 기수 9명이 있다.[64]

1927년에는 토지개량부를 설치하면서 식산국의 토지개량과, 개간과, 수리과를 토지개량부로 이관시켰다. 1930년에는 식산국에 상공장려관商工奬勵館을 설치했다.[65] 상공장려관은 상품의 개량 및 판로 확장을 담당한 기관으로 소속 직원은 관장 1명, 기사 1명, 속 2명, 기수 1명이 있다.[66]

1932년에는 농림국을 신설하고 농무과 업무를 농림국에 이관했다. 1933년에는 광무과를 광산과로 고쳤다. 1938년에는 4월에 도량형소度量衡所, 5월에 산금과產金課와 착암공양성소鑿岩工養成所, 9월에 연료과와 임시물자조정과를 설치하고 도량형소를 상공과로 통합시켰다. 도량형소는 도량형기, 계량기 제작·판매·수입, 도량형기 및 계량기의 검정과 기타 업무를 담당했다. 소속 직원은 소장 1명, 속 3명, 기수 5명이 있다. 산금과는 산금(금을 생산하는 일) 관련 업무를 담당했으며 소속 직원은 사무관 2명, 기사 7명, 속 15명, 기수 14명, 촉탁 3명이 있다. 착암공양성소는 착암공(암석에 구멍을 뚫는 일을 하는 기능사) 양성

---
64 『일본제국직원록』 1927년, 「조선총독부」, 「식산국」, 수리과와 개간과.
65 상공장려관은 상공 단체에서 설치한 기관으로 국산품을 널리 장려하기 위해 지방과 중앙에 설치되었다.
66 『일본제국직원록』 1931년, 「조선총독부」, 「식산국」, 상공장려관.

을 위해 설치된 기관으로 소속 직원은 소장 1명, 기수 1명, 촉탁 1명이 있다.

연료과는 연료정책과 연료자원의 개발 촉진, 연료의 이용 등에 관한 업무를 담당하는 부서로 소속 직원은 사무관 1명, 기수 3명, 속 8명, 기수 7명, 촉탁 7명이 있다. 임시물자조정과는 시국에 긴급하게 필요한 물자 수급 조정에 관한 업무를 담당한 부서로 소속 직원은 사무관 3명, 기사 3명, 속 7명, 기수 3명, 촉탁 1명이 있다. 상공과는 상업 일반, 무역, 공업 일반, 섬유공업, 화학공업, 잡공업, 경금속 제조 사업, 섬유, 피혁, 생고무, 공업약품, 화학성품류, 경금속, 잡품, 중앙시험소와 도량형소를 담당한 부서로 소속 직원은 사무관 1명, 기사 5명, 속 16명, 기수 6명이 있다.

1939년에는 기획부를 만들고 임시물자조정과를 폐지했다. 1940년에는 물가조정과를 설치했다. 물가조정과는 물가 조정업무를 담당한 부서로 소속 직원은 사무관 6명, 이사관 4명, 기사 4명, 속 21명, 기수 6명, 촉탁 2명이 있다. 1941년에는 광산과를 광정과鑛政課와 특수광물과로 분리했다. 광정과는 광업행정의 제반 조사, 보류광구, 제철사업법 시행, 철광 및 구리에 관한 업무를 담당한 부서로 소속 직원은 사무관 3명, 기사 7명, 속 25명, 기수 50명, 촉탁 14명이 있다. 특수광물과는 비금속광물, 비철금속광물, 조선광업진흥주식회사, 조선마그네슘개발주식회사를 관리한 부서로 소속 직원은 사무관 2명, 기사 5명, 속 6명, 기수 9명이 있다.

같은 해 체신국遞信局의 전기제1과와 전기제2과가 식산국으로 이관되었으며 물가조정과를 폐지했다. 전기제1과는 전기사업 업무의 감독, 수력발전에 관한 업무를 담당한 부서로 소속 직원은 사무관 2명, 기사 7명, 속 11명, 기수 58명, 촉탁 7명이 있다. 전기제2과는 전기사업 업무 감독과 산금・송전시설의 건설 및 보수를 담당한 부서로 소속 직원은 이사관 1명, 기사 5명, 속 27명, 기수 40명, 촉탁 7명이 있다.[67]

1942년 6월에는 상공과를 상공제1과와 상공제2과로 분리했다. 상공제1과는 공업입지 조사 연구, 중요 산업단체령, 상업조합, 공업조합의 지도 감독, 중소상공업 대책, 기업 허가, 경금속 제조사업, 금속・기계・화학・섬유공업, 상공회의소 및 중요 물산 동업조합, 공업협회, 발명협회, 조선물산협회, 중앙시험소, 도량형소를 담당했다. 상공제2과는 상업 조사, 보험, 취인소取引所(거래소), 시장, 유가증권업, 무역, 박람회, 공진회에 관한 업무를 담당한 부서다. 두 부서 직원은 기록상 남아 있지 않다.

1942년 11월에 상공제1과와 상공제2과를 다시 상공과로 통합했으며, 광정과와 특수광물과를 광산과외 철강과도 개편했다. 광산과는 광업행정의 제반 조사, 조선광업령의 시행, 조선광업경찰규칙, 보류광구, 타과에 포함되지 않는 광물과 금속, 조선광업진흥주식회사, 조선마그네슘개발주식회사, 지질조사소를 담당했다. 철강과는 철강, 제철사업 및 기계공업, 철강과 기계를 담당했다. 두 부서 소속 직원은 기록상 남

---
67 『일본제국직원록』 1942년, 「조선총독부」, 식산국.

아 있지 않다. 또 같은 달에 물가과를 설치하고 수산과를 농림국으로 이관했다. 물가과는 종합적 물가정책 수립과 실사, 가격 조정, 주택과 건물의 가격 통제, 사치품 등의 제조판매 제한, 폭리 행위에 관한 업무를 담당한 부서로 소속 직원은 기록상 남아있지 않다.

1943년에는 5월에 산금과를 광업정비과로 개편했다. 광업정비과는 광업 및 제련업의 정비, 제국광업개발주식회사에 관한 업무를 담당한 부서로 소속 직원은 기록상 남아있지 않다. 같은 해 11월에 식산국과 농림국을 광공국鑛工局과 농상국農商局으로 개편했다.

법무국

법무국法務局은 조선총독부의 사법 관련 업무를 담당한 중앙행정기구로 사법부 후속 기구다. 1919년 사법부가 법무국으로 개편되면서 법무국에 법무과와 감옥과를 설치했다. 법무과는 민사, 형사, 비송사건, 재판 사무, 검찰사무, 범죄인 인도, 은사, 복권 및 형의 집행, 재판소 설치와 폐지 및 관할구역, 민적民籍(백성의 호적), 변호사, 소송대리인 및 파산관재인에 관한 업무를 담당했다. 소속 직원은 사무관 3명과 속 14명이 있다. 감옥과는 감옥, 가출옥(가석방), 출옥인 보호, 범죄인의 이동식별에 관한 업무를 담당했다. 소속 직원은 사무관 2명과 속 8명이 있다.[68]

....
68 『일본제국직원록』 1920년, 「조선총독부」, 법무국.

1920년에는 법무과를 폐지하고 민사과와 형사과를 설치했다. 민사과는 민사, 비송사건, 재판소 설치·폐지·관할구역, 변호인·공증인·파산관재인에 관한 업무를 담당했고 소속 직원은 사무관 3명, 속 12명이 있다. 형사과는 형사, 형사의 재판사무, 검찰사무, 은사 및 형의 집행, 범죄인 인도에 관한 업무를 담당했다. 소속 직원은 사무관 3명, 속 6명이 있다.[69]

1924년에는 기존 부서를 모두 폐지하고 법무과와 행형과行刑課를 설치했다.[70] 1939년에는 법무과를 폐지하고 민사과와 형사과를 다시 설치했다. 1942년에는 보호과를 설치했다. 보호과는 구금소와 사법 보호에 관한 업무를 담당한 부서로 소속 직원은 기록상 확인되지 않는다. 1943년에는 행형과와 보호과를 폐지하고 총무과를 설치했다. 1944년에는 총무과를 폐지하고 법무과를 설치했다.

학무국

학무국學務局은 조선총독부의 교육에 관한 업무를 담당한 중앙행정기구로 1919년에 설치되었다. 학무국에는 학무과, 편집과, 종교과가 있다. 학무과는 교육, 학예, 학교, 유치원, 도서관, 조선총독부관측소, 경학원 등을 관리한 부서로 소속 직원은 사무관 2명, 기사 1명, 속

---

69 『일본제국직원록』 1921년, 「조선총독부」, 「식산국」, 법무국.
70 형사과를 행형과로 고쳤다.

15명이 있다. 편집과는 교과용 도서, 민간용 책 출판과 반포를 담당한 부서로 소속 직원은 사무관 1명, 편수관編修官(책 편찬 담당) 2명, 속 4명, 편수서기編修書記 4명이 있다. 종교과는 신사, 사원, 종교와 관련된 업무를 담당한 부서로 소속 직원은 사무관 1명, 속 4명, 촉탁 5명이 있다.[71]

1921년에는 고적조사과古蹟調査課를 설치했다. 고적조사과는 고적, 고사, 명승, 천연기념물 조사와 보존, 박물관과 관련된 업무를 담당한 부서로 소속 직원은 사무관 1명, 속 3명, 기수 2명, 촉탁 11명이 있다.[72] 1924년에는 고적조사과를 폐지하고 고적조사과의 업무를 종교과로 이관했다. 1932년에는 내무국 사회과가 학무국으로 이관되고 종교과가 폐지되었다. 1936년에는 사회교육과를 설치하고 사회과를 다시 내무국으로 이관했다. 사회교육과는 사회사업, 대중교육, 종교에 관한 업무를 담당한 부서로 소속 직원은 사무관 2명, 속 5명, 기수 2명, 촉탁 22명이 있다.[73]

1938년에는 교학연수소와 중견청년수련소를 설치했다. 교학연수소는 교원들을 교육하기 위해 설치된 연수기관으로 재교육을 통해 황국신민화 교육을 강화하고 전시에 적합한 인물 육성을 목표로 했다. 소속 직원은 소장 1명, 학감學監 1명, 사감舍監 1명, 강사講師 16명, 촉탁강사囑託講師 7명이 있다. 중견청년수련소는 지도적 위치에 있는 청년

71　『일본제국직원록』 1920년, 「조선총독부」, 학무국.
72　『일본제국직원록』 1922년, 「조선총독부」, 「학무국」, 고적조사과.
73　『일본제국직원록』 1937년, 「조선총독부」, 「학무국」, 사회교육과.

들은 황국신민으로 만들기 위해 설치된 수련소로 소속 직원은 소장 1명, 부소장 1명, 촉탁강사 4명이 있다.[74] 1942년엔 사회교육과와 편집과를 폐지하고 연성과錬成課와 편수과編修課를 설치했다. 연성과는 학도지원병제, 징병제 실시에 대비한 청소년 훈련과 교육을 강화하기 위해 설치된 부서이며, 편수과는 황국신민화 교육을 위한 교과서를 편찬하는 부서다. 두 부서 직원은 기록상 남아 있지 않다.

1943년에는 교학연수소를 폐지하고, 사정국을 폐지하여 사정국 소속 사회과를 학무국으로 이관했다. 1944년에는 학무과를 전문교육과와 국민교육과로 개편하고 교무과를 설치했다. 전문교육과는 대학, 전문학교, 각종 학교, 학교 부속 교원양성기관 등 학교와 관련된 업무를 담당한 부서이며, 국민교육과는 사범학교, 중등학교, 국민학교, 유치원 등에 관련된 교육연구단체에 관한 업무를 담당했다. 1945년에는 학무과를 재설치하고 사회과를 원호과援護課로 변경했으며 전문교육과, 국민교육과, 편수과를 폐지했다.

경무국

경무국警務局은 조선총독부의 경찰행정 업무를 담당한 중앙행정기구로 경무총감부의 후속기구다. 1919년에 설치된 경무국에는 경무과, 고등경찰과, 보안과, 위생과가 설치되었다. 경무과는 경찰 구획 및 배

---

74 『일본제국직원록』 1939년, 「조선총독부」, 「학무국」, 교학연수소와 중견청년수련소.

치, 경찰 피복 및 부속품 등 경찰 업무를 담당한 부서로 소속 직원은 사무관 2명, 통역관 1명, 속 9명, 통역생 1명, 기수 1명이 있다. 고등경찰과는 고등경찰, 신문잡지, 출판물, 저작물 관리를 담당한 부서로 소속 직원은 사무관 3명, 통역관 4명, 속 13명이 있다. 보안과는 행정경찰, 소방, 사법경찰, 범죄즉결사무, 민사쟁송조정사무 등에 관한 업무를 담당한 부서로 소속 직원은 사무관 2명, 기사 1명, 속 10명, 기수 1명이 있다. 위생과는 공중위생, 의료진, 병원, 약품, 묘지, 매장, 화장에 관한 업무를 담당한 부서로 사무관 1명, 기사 5명, 속 8명, 기수 2명, 촉탁 8명이 있다.[75]

1926년에는 고등경찰과를 폐지하고 도서과를 설치했다. 도서과는 조선인 언론, 출판물, 영화 등을 검열하는 부서로 소속 직원은 사무관 2명, 통역관 1명, 속 7명, 기수 1명, 통역생 1명, 촉탁 3명이 있다.[76] 1939년에는 방호과防護課를 설치했다. 방호과는 방공, 소방, 수방水防 등의 업무를 담당한 부서로 소속 직원은 사무관 2명, 기사 1명, 속 10명, 기수 1명, 촉탁 3명이 있다.[77]

1940년에는 경제경찰과와 발파기술원양성소를 설치했다.[78] 경제경찰과는 세계2차대전이 장기화되면서 물자 부족 문제를 해결하고자 설치한 부서로 소속 직원은 사무관 2명, 기사 1명, 속 7명, 촉탁 2명이

---

75 『일본제국직원록』 1920년, 「조선총독부」, 경무국.
76 『일본제국직원록』 1927년, 「조선총독부」, 「경무국」, 도서과.
77 『일본제국직원록』 1940년, 「조선총독부」, 「경무국」, 방호과.
78 발파기술원양성소는 광산·탄광·토목공사장에서 물체를 파괴하는 기술자를 양성하는 곳이다.

있다.[79] 1941년에는 위생과를 후생국으로 이관시켰으나 1942년 후생국 폐지로 위생과를 경무국 소속으로 되돌렸다. 1943년에는 방호과와 도서과를 폐지하고 경비과를 설치했다. 경비과는 경위, 경비 사무, 방공호의 사무를 담당했다. 1945년에는 검열과를 설치했다. 검열과는 검열 사무를 담당했다.

산림부

산림부山林部는 산림에 관한 업무를 담당한 중앙행정기구로 1926년 6월에 설치되었다. 산림부에는 책임자 국장 1명이 있으며 임무과林務課, 임산과林産課, 조림과造林課가 있다. 임무과는 삼림 시행, 영림서營林署[80], 임업시험장林業試驗場[81], 국유임야 관리와 보호 및 처분, 화전, 삼림조합, 임업단체 등에 관련된 업무를 담당한 부서로 소속 직원은 사무관 4명, 기사 3명, 속 9명, 기수 7명이 있다. 임산과는 산림산물의 처분, 작벌斫伐(벌목), 운재運材(목재 운반), 유벌流筏(통나무를 가지런히 엮어 물에 띄워 물건이나 사람을 운반), 저목樗木(정원수나 가로수), 재목材木(목조 건축물용 나무), 제품의 처분 등을 담당한 부서로 소속 직원은 사무관 1명, 기사 2명, 속 3명, 기수 6명이 있다. 조림과는 국유

---

79 『일본제국직원록』 1940년, 「조선총독부」, 「경무국」, 경제경찰과.
80 영림서는 국가소유 임야 및 임야 관리를 맡은 기관이다.
81 임업시험장은 1922년 조선총독부가 산림 자원의 개발과 임업 발달 및 개량을 위해 설립한 기관이다.

임야의 존폐구분과 경계사정, 국유임야의 시업施業[82] 등에 관한 업무를 담당한 부서로 소속 직원은 기사 3명, 속 1명, 기수 12명이 있다.[83] 1932년 산림부가 폐지되어 산림부 업무는 새로 설치된 농림국으로 이관되었다.

토지개량부

토지개량부土地改良部는 총독과 정무총감의 직접 지휘를 받는 독립기구로 산미증식계획産米增殖計畫의 핵심 사업인 토지개량사업을 전담하기 위해 설치된 임시기구다.[84] 식산국의 토지개량과, 개간과, 수리과가 1927년에 설치된 토지개량부로 이관되었다. 토지개량부 소속 직원은 부장 1명과 기사 2명이 있다. 토지개량과에는 사무관 2명, 기사 3명, 속 8명, 기수 19명, 수리과 직원은 사무관 1명, 기사 8명, 속 6명, 기수 30명, 개간과 직원은 기사 3명, 속 5명, 기수 9명, 촉탁 1명이 있다.[85] 1932년에 토지개량부가 폐지되고 토지개량부 사무를 신설된 농림국에 이관했다.

....
82　시업은 산림을 유지, 조성하기 위해 벌채, 조림, 보육 등의 작업을 적용하여 산림경영목적에 맞도록 산림을 경영하는 행위다.
83　『일본제국직원록』 1927년, 「조선총독부」, 산림부.
84　산미증식계획은 일제가 조선을 쌀 공급기지로 만들어 일본으로 보내기 위해 쌀 생산량을 늘리고자 1920년~1934년에 실시한 농업정책이다.
85　『일본제국직원록』 1928년, 「조선총독부」, 토지개량부.

농림국

　농림국農林局은 조선총독부의 농업·축산·임업 등의 업무를 담당한 중앙행정기구다. 1932년에 세워진 농림국에는 농무과, 토지개량과, 수리과, 임정과, 임업과가 설치되었다. 농무과는 농업, 잠업, 축산, 수렵, 농업자 이주, 농사시험장, 수역혈청제조소 등의 업무를 담당한 부서로 소속 직원은 사무관 3명, 기사 7명, 속 12명, 기수 12명이 있다. 토지개량과는 토지개량사업의 감사, 수리조합, 토지개량 회사, 국유미간지, 농업을 목적으로 하는 토지 매입, 토지개량사업 조성 등의 업무를 담당한 부서로 소속 직원은 사무관 1명, 기사 3명, 속 10명, 기수 11명이 있다. 수리과는 수리조합의 설치, 사업계획 변경, 수리조합으로 발생하는 토지개량사업 조성 등의 업무를 담당한 부서로 소속 직원은 기사 5명, 속 5명, 기수 25명, 촉탁 1명이 있다. 임정과는 삼림령의 시행, 영림서, 임업시험장, 국유임야의 관리 등 임업 관련 업무를 담당한 부서로 소속 직원은 사무관 3명, 산림사무관 1명, 기사 7명, 속 17명, 기수 24명, 촉탁 3명이 있다. 임업과는 국유임야 관련 업무, 목재 제품 관련 업무를 담당한 부서로 소속 직원은 기사 5명, 속 4명, 기수 21명, 촉탁 1명이 있다.[86]

　1933년에는 농무과를 농정과農政課와 농산과農産課로 분리개편했다. 1936년에는 농정과와 농산과를 다시 농무과로 통합하고 농촌진흥

86　『일본제국직원록』 1933년, 「조선총독부」, 농림국.

과農村振興課와 미곡과米穀課를 설치했다. 이때의 농무과는 이전 농무과의 업무에 쌀 외의 농산물 개량증식, 비료, 면, 기타 특용작물 등의 업무가 추가되었다. 농촌진흥과는 농촌진흥에 관한 제반 조사와 연구 기획, 농가갱생계획, 농촌진흥위원회, 자작농 창설, 농업자 이주 등에 관한 업무를 담당한 부서로 소속 직원은 사무관 1명, 기사 4명, 속 8명, 기수 1명, 촉탁 7명이 있다. 미곡과는 미곡정책 제반 조사, 산미 개량 증식, 미곡통제 및 자료 조사, 미곡의 수급 및 가격조사, 미곡의 수출입 허가, 조·수수·기장·밀·밀가루 수입 제한, 곡물검사소, 농업창고에 관한 업무를 담당한 부서다. 소속 직원은 사무관 2명, 기사 6명, 속 8명, 기수 17명, 촉탁 10명이 있다.[87]

1938년에는 축산과를 설치하고 수리과를 폐지했다. 축산과는 가축 개량증식, 말, 축산물, 수렵, 수역혈청제조소, 종마목장種馬牧場, 종양장種羊場(양목장)에 관한 업무를 담당한 부서로 소속 직원은 기사 3명, 속 3명, 기수 10명이 있다.[88] 1940년 2월에는 양정과糧政課와 식량조사과를 설치하고 미곡과를 폐지했다. 양정과는 미곡정책, 미곡 및 잡곡 통제·수급·가격 관리, 미곡의 수출입 허가, 곡식류 수입 제한, 산미 개량 증식 등의 업무를 담당한 부서로 소속 직원은 사무관 2명, 기사 5명, 속 10명, 기수 11명이 있다. 식량조사과는 미곡 및 잡곡의 생산비 조사, 생산고·재고·이동 조사를 담당한 부서로 소속 직원은 사무

---

87 『일본제국직원록』 1937년, 「조선총독부」, 농림국.
88 『일본제국직원록』 1939년, 「조선총독부」, 「농림국」, 축산과.

관 1명, 기사 4명, 속 2명, 기수 13명, 촉탁 2명, 미곡 생산 담당 미생산비촉탁米生産費嘱託 6명, 밭에서 생산되는 농산물 담당 전작물생산비촉탁田作物生産費嘱託 5명이 있다.[89]

같은 해 10월에는 농정과와 농산과를 설치하고 농무과와 농촌진흥과를 폐지했다. 농정과는 쌀 증산에 중점을 두고 농업 생산 계획의 종합, 농촌 지도, 농회農會와 산업조합, 농업에 관련된 업무를 담당한 부서로 소속 직원은 사무관 2명, 이사관 1명, 기사 10명, 속 7명, 기수 7명, 촉탁 4명이 있다.[90] 농산과는 미곡 및 잡곡 생산 및 수출입, 식물 수출입 업무, 잠사업, 농가의 부업 등에 관한 업무를 담당한 부서로 소속 직원은 사무관 2명, 기사 6명, 속 7명, 기수 13명이 있다.[91] 1941년에는 농업토목기술원양성소가 설치되었다. 농업토목기술원양성소는 농업 기술원을 양성하는 연구소로 소속 직원은 소장 1명과 촉탁 1명이 있다.[92]

1942년 4월에는 임업기술원양성소가 설치되었다. 임업기술원양성소는 임업기술원을 양성하는 연구소로 소속 직원은 기록 상 남아 있지 않다. 같은 해 11월에는 식량조사과를 폐지하고 수산과를 설치했다. 수산과는 수산물, 수산조합, 어업조합, 수산 시장 등 수산에 관련된 기관과 업무를 담당한 부서다. 1943년 9월에는 검사과를 설치했다. 검사과

---

89 『일본제국직원록』 1940년, 「조선총독부」, 농림국.
90 농회는 일제가 조선농민을 착취하기 위해 설립한 농촌단체다. 조선농회라고도 한다.
91 『일본제국직원록』 1940년, 「조선총독부」, 농림국.
92 『일본제국직원록』 1941년, 「조선총독부」, 농림국.

는 주요 식량 및 가마니 검사, 주요 식량에 관한 조사와 연구를 담당한 부서다. 두 부서의 직원은 기록상 남아있지 않다. 같은 해 11월에는 식산국과 농림국을 광공국과 농상국으로 개편했다.

외사부

외사부外事部는 조선총독부의 외무와 만주척식사업에 관한 업무를 담당한 중앙행정기구다.[93] 1939년에 설치된 외사부에는 외무과와 척무과拓務課가 있다. 외무과는 재외 조선인 보호, 외국영사관 및 외국인, 섭외사항 및 정보교환, 조선과 관계된 해외 상황 보고, 경제정보 발행, 외국문 번역과 통역을 담당한 부서로 소속 직원은 사무관 1명, 통역관 1명, 속 10명, 통역생 2명, 촉탁 33명이 있다. 척무과는 만주 개척민의 이식 계획, 만주이주 땅 조사, 개척민 수송과 훈련, 농촌 안전 등 만주에 관련된 업무를 담당한 부서로 소속 직원은 사무관 2명, 속 7명, 기수 2명, 촉탁 5명이 있다.[94] 1941년에는 외사부를 폐지하고 소속 부서인 외무과와 척무과를 사정국으로 이관했다.

---

93 만주척식사업은 만주 지역의 영토나 미개지를 개척하여 자국이민(일본)의 이주와 이민 정책을 추진하는 사업이다.
94 『일본제국직원록』 1940년, 「조선총독부」, 외사부.

기획부

기획부企畫部는 조선총독부의 국가총동원계획과 물자의 배급 및 조정에 관한 업무를 담당한 중앙행정기구로 1939년에 임시기구로 설치되었다.[95] 책임자로 부장 1명이 있고, 부서로는 제1과, 제2과, 제3과가 있다. 제1과는 물자, 노무, 교통, 전력, 자금 및 동원계획에 관한 업무, 생산력확충계획 업무, 국가총동원법 시행, 기술자의 할당, 자원조사, 기밀 보호에 관한 업무를 담당한 부서로 소속 직원은 사무관 8명, 이사관 1명, 기사 3명, 속 24명, 기수 4명이 있다. 제2과는 철류·비철금속과 비금속광물·기계류 물자 동원 계획에 관한 업무를 담당한 부서로 소속 직원은 사무관 3명, 기사 6명, 속 14명, 기수 11명, 촉탁 1명이 있다. 제3과는 섬유·피혁·생고무·목재 물자 동원 계획, 연료·공업약품·화학성품류·비료·의약품·식료 및 수입 잡품 물자 동원 계획에 관한 업무를 담당한 부서로 소속 직원은 사무관 4명, 기사 3명, 속 9명, 기수 9명이 있다. 1940년에는 제4과를 설치했다. 제4과는 제3과 업무 중 연료에 관한 물자 동원 계획만 분리하여 담당했다. 소속 직원은 사무관 1명, 기사 2명, 속 11명, 기수 6명이 있다.[96]

1941년에는 기획부가 정식기구로 재편되면서 기존 제1~4과가 계획과, 물가조정 제1과, 물가조정 제2과, 물가조정 제3과, 물가조정과로

---

95 국가총동원계획은 전쟁에 필요한 인적·물적 자원을 강제적으로 징발하여 총동원하기 위한 계획이다.
96 『일본제국직원록』 1940년, 「조선총독부」, 기획부.

개편되었다. 1942년에는 행정 간소화로 기획부가 폐지되고 기획부의 업무는 총무국과 식산국으로 이관되었다.

사정국

사정국司政局은 조선 총독부의 지방과 외무에 관한 업무를 담당한 중앙행정기구로 1941년에 설치되었다. 책임자로 국장 1명이 있고 부서로 지방과, 국민총력과, 외무과, 척무과, 토목과, 지방관리양성소가 있다. 지방과는 조선 전국 행정·학교비·학교조합, 신사를 담당한 부서로 소속 직원은 사무관 2명, 이사관 2명, 신사 관련 사무를 담당한 제무관祭務官 1명, 기사 1명, 속 17명, 신사 관련 업무를 담당한 제무관보祭務官補 1명, 기수 3명, 촉탁 4명이 있다. 국민총력과는 국민총력운동 업무를 담당한 부서로 소속 직원은 사무관 3명, 속 8명이 있다.[97] 외무과는 재외 조선인 보호, 외국영사관, 외국인 등 조선 내 외국인에 관한 업무를 담당한 부서로 소속 직원은 사무관 10명, 이사관 1명, 통역관 1명, 속 10명, 통역생 2명, 촉탁 34명이 있다. 척무과는 만주 개척민에 관한 업무를 담당한 부서로 소속 직원은 사무관 2명, 기사 1명, 속 9명, 기수 2명, 촉탁 7명이 있다.[98] 1942년에는 척무과를 외무과에 통합했고, 후생국이 폐지되면서 사정국에 사회과와 노무과가 설치되었다. 기

---

97 국민총력운동은 잡지 『국민총력』을 기반으로 한국인을 전쟁에 동원하기 위해 교육하는 운동을 말한다.
98 『일본제국직원록』 1942년, 「조선총독부」, 사정국.

존 국민총력과는 총무국으로 이관되었다. 1943년에는 행정 간소화로 사정국이 폐지되었다.

후생국

후생국厚生局은 조선총독부의 보건·위생·사회사업·노무에 관한 업무를 담당한 중앙행정기구로 1941년에 설치되었다. 후생국 책임자는 국장 1명이 있고 부서로는 보건과, 위생과, 사회과, 노무과가 있다. 보건과는 체력향상, 체력 조사, 체육운동, 모성과 유아 보건, 음식물, 유해물, 도축, 식육, 우유, 생활환경의 위생, 청소위생, 해수욕장·극장·영화관 위생, 묘지·화장장·매장, 전염병, 정신병 등에 관련된 업무를 담당한 부서로 소속 직원은 사무관 1명, 기사 3명, 속 6명, 기수 4명, 촉탁 9명이 있다. 위생과는 의료진, 의사와 치과의사시험, 약제시험, 진료소, 요양소, 의약품, 매약, 아편, 마약 등 의료에 관련된 업무를 담당한 부서로 소속 직원은 사무관 1명, 이사관 1명, 기사 6명, 속 13명, 기수 30명, 촉탁 10명이 있다. 사회과는 구호, 구료, 사회복리시설, 군사보호, 제생원과 감화원, 기타 사회사업에 관한 업무를 담당한 부서로 소속 직원은 사무관 2명, 이사관 1명, 기사 2명, 속 12명, 기수 1명, 촉탁 2명이 있다. 노무과는 노무수급, 실업 대책, 노동에 관련된 업무를 담당한 부서로 소속 직원은 사무관 2명, 이사관 1명, 기사 1명, 속

30명, 기수 1명, 촉탁 6명이 있다.[99] 1942년에 후생국이 폐지되고 관련 업무는 경무국, 사정국, 학무국에 배치되었다.

총무국

총무국은 조선총독부의 전시행정에 관한 업무를 관장한 중앙행정기구로 1942년에 설치되었다. 책임자는 국장 1명이 있고 부서로는 문서과, 기획실, 정보과, 국민총력과, 감찰과, 국세조사과가 있다. 문서과는 총무국 인장 관리, 문서의 접수·발송·편찬 및 보존, 도서와 인쇄물 관련 업무, 기획실은 중요 정책 심의 입안 및 종합 조정, 법령의 심의 입안 및 해석 적용, 국가총동원계획, 국토 계획, 자원 조사에 관한 업무, 정보과는 여론, 보도, 내외사정에 관한 업무, 국민총력과는 국민총력운동에 관한 업무, 감찰과는 행정집행 상황의 감찰에 관한 업무, 국세조사과는 국세 조사, 인구동태에 대한 업무를 담당했다. 1943년에는 국세조사과를 조사과로 개편했으나 같은 해 11월에 총무국이 폐지되면서 관련 업무는 총독관방과 광공국으로 이관되었다.

---

99 『일본제국직원록』 1942년, 「조선총독부」, 후생국.

경복궁 조선총독부 신청사 전경

서울역사박물관 소장

광공국

광공국鑛工局은 일제 강점 말기 군수물자 생산과 인력동원 관리를 담당한 중앙행정기구로 1943년 11월에 설치되었다. 총 책임자는 국장 1명이 있다. 1945년 8월 조선이 광복하면서 광공국은 완전히 폐지되었다.

농상국

농상국農商局은 일제 강점 말기 식량을 비롯한 생활물자와 관련된 농업, 수산업, 상업을 담당한 중앙행정기구다. 1943년 11년에 설치되었고, 1945년 8월에 조선이 독립하면서 폐지되었다.

4

조선
총독부
기관 1

법률과 관련 기관

중추원

중추원中樞院은 조선인 유력자로 구성된 조선총독의 자문기구로 1910년에 설치되었다. 중추원은 본래 조선의 내각 자문을 담당했지만 통감부가 설치된 후 일본의 식민지화 추진을 위한 기구로 전락했다. 이후 일제강점기에 조선총독이 조선을 통치하기 위해 조선인 고위관직에게 자문을 구하는 조선총독부 소속 관서가 되었다. 중추원 소속 직원은 의장 1명, 부의장 1명, 고문 15명, 찬의贊議 20명, 부찬의副贊議 35명, 칙임관 서기관장 1명, 주임관 서기관 2명, 통역관 3명, 판임관 속 3명이 있다. 중추원은 1945년 8월 조선이 광복한 후 폐지되었다.

취조국

취조국取調局은 조선의 구관습 및 제도에 관해 조사하여 총독이 지정한 법령의 입안과 심의, 법령 폐지와 개정에 관한 의견을 내는 기구로 1910년 9월에 설치되었다. 취조국은 조선 고유의 관습과 법제를 조사하여 식민지 기초 법령 제정과 동화정책에 활용하기 위해 설치되었다. 취조국에서 조사한 항목은 토지제도, 친족제도, 면 및 동 제도, 종교와 사원제도, 서원과 향고饗告(조상의 영전靈前에 공양물을 바치는 제사) 제도, 양반 제도, 정치상과 사회상에서의 세력관계, 상민 생활상태, 조선의 구빈제도, 지방제도, 조선 통치에 참고할 식민지의 제도 연구, 조선어사전 편찬 등이 있다. 취조국 소속 직원은 의장 1명, 부의장 1명, 고문 15명, 참의 20명, 부참의 35명, 칙임관 서기과장 1명, 주임관 서기관 2명, 통역관 3명, 판임관 속 3명이 있다.

공탁국

공탁국供託局은 공탁供託(법령에 따라 공탁소에 금전, 증권, 물건을 맡겨 일정한 법률적 효과를 얻는 제도) 사무를 담당한 기구로 1922년 3월부터 1945년 8월까지 운영되었다. 소속 직원은 국장 1명, 판임관 서기 전임 10명이 있다.[1]

---

1 『조선총독부 관보』 제2892호, 「조선총독부공탁국관제」, 칙령 제69호.

경찰 관련 기관

경무총감부

경무총감부警務總監部는 1910년에 설치한 조선의 경찰 업무를 담당한 기구로 통감부에 있던 경무총감부가 조선총독부 산하 기관으로 변경되었다. 조선총독부의 경무총감부 소속 부서는 통감부의 경무총감부 소속 부서와 동일하다. 경무총감부는 치안, 사법 등 거의 전 분야의 업무를 담당하면서 조선인의 모든 일상생활에 관여했다. 또 전국의 경찰사무를 관리감독하면서 경성부, 창덕궁경찰서, 덕수궁·동대문·서대문·수문동분서, 간도 파견 경찰관을 통해 전국의 조선인을 감시했다. 경무총감부는 군 조직과 크게 다르지 않아 독립운동가들을 강압적으로 제압할 수 있었다. 직원은 창덕궁경찰서에 경찰직 경시 1명, 경부 6명, 통역생 1명, 분서 4곳에는 경부 3명, 간도파견에는 경시 1명, 경부 1명, 통역생 1명이 배치되었다.[2]

1917년에는 경찰연습소警察練習所를 설치했다. 경찰연습소는 경찰관 양성과 연습을 담당한 기관으로 소속 직원은 경시 2명, 경부 5명이 있다.[3] 1919년 3.1운동 이후 무단통치가 전면으로 저항에 부딪히자 일제는 국면 전환을 위해 헌병경찰제도를 보통경찰제도로 바꾸고 경찰관서제도를 폐지하면서 경무총감부를 폐지하고 경무국으로 개편했다.

재판소

재판소裁判所는 민형사재판, 비송사건, 부동산등기 등 법률 사무를 담당한 기구로 1910년에 설치되었다. 조선총독부 출범 당시 재판소 조직은 고등법원 1곳(경성), 공소원 3곳(경성, 평양, 대구), 지방재판소 8곳(경성, 공주, 함흥, 평양, 해주, 대구, 부산, 광주), 전국 각지의 구재판소 68곳이 있었다. 공소원은 지방재판소의 판결에 대한 공소와 항고 재판을 담당한 기관이며 고등법원은 공소원의 제2심 판결에 대한 상고와 판결을 담당했다. 재판소 직원은 판사 261명, 검사 63명, 서기장 4명, 통역관 4명, 서기와 통역생 429명이다.[4]

----

2   『일본제국직원록』 1911년, 「조선총독부」, 경무총감부.
3   『일본제국직원록』 1918년, 「조선총독부」, 경무총감부.
4   『조선총독부 관보』 제0028호, 「조선총독부재판소관제」, 칙령 제365호.

1912년에는 공소원, 지방재판소, 구재판소를 각각 복심법원覆審法院, 지방법원, 지방법원지청으로 개편했다. 1914년에는 지방법원 관내에 출장소를 설치해 재판소 서기가 등기 및 공증사무를 취급할 수 있게 되었다. 이후 부동산등기령의 시행구역이 확대되면서 지방법원출장소도 늘어나 경성지방법원에 29개, 대전지방법원에 17개, 함흥지방법원에 17개, 청진지방법원에 9개, 부산지방법원에 15개, 광주지방법원에 19개, 전주지방법원에 11개소를 두었다. 재판소는 일제강점기 내내 유지되다가 일제가 패망하기 직전인 1944년에 재판절차를 간소화하는 <조선총독부재판소령전시특례>를 제정하면서 폐지되었다.[5]

감옥

감옥은 일제가 범죄 심리와 형벌 집행을 목적으로 미결수와 기결수를 구금한 기구이다. 1910년에 설치된 감옥의 직원은 감독 1명, 전옥 전임 8명, 간수장과 통역생 전임 61명, 감옥의 14명, 교회사敎誨師 11명, 교사 5명, 약제사 9명, 간수 859명, 여감취체 18명이 있다. 감옥의 감독은 관할구역 내 공소원 검사장이 수행했으며, 전옥은 감옥의 장으로 감옥 사무와 부하관리를 감독했다. 간수장은 감옥 사무에 종사하고 부하 관리를 감독했다.

1912년부터 전국에 감옥을 설치했고, 1923년에 감옥을 형무소로

---

5 민족문제연구소, 『일제식민통치기구사전: 통감부 조선총독부편』, 민족문제연구소, 2017.

고치면서 전국에 형무소 15개, 소년형무소 3개, 지소 11개를 두었다. 형무소는 경성, 서대문, 대전, 공주, 함흥, 청진, 평양, 신의주, 해주, 부산, 광주, 목포, 전주에 설치되었고, 소년형무소는 인천소년형무소, 개성소년형무소, 감천소년형무소가 있으며 지소는 서대문형무소 춘천지소, 대전형무소 청주지소, 함흥형무소 원산지소, 평양형무소 진남포지소, 해주형무소 금산포지소, 부산형무소 마산지소와 진주지소, 광주형무소 소록도지소, 전주형무소 군산지소가 있다.

감화원

감화원感化院은 부랑아, 불량아의 통제와 교육을 담당한 기구로 1923년 8월에 설치되었고 1945년 8월에 폐지되었다. 감화원은 본래 함경남도 문천군 명효면에 설치한 영흥학교永興學校로 시작하여 100여 명을 수용했고, 1930년에는 124명까지 늘어났다. 경기도 안산시 단원구 선감동에는 선감학원仙甘學園이 있었다. 1938년에는 전라남도 무안군에 목포학원木浦學園을 설치해 아동 30여 명을 수용했다. 소속 직원은 각 학원마다 원장, 교사인 교유敎諭 전임 3명(1명은 주임관, 2명은 판임관), 판임관 서기 전임 1명이 있다.[6]

감화원은 불량행위를 하는 또는 할 우려가 있는 8세~18세의 소년을 감화시킨다는 목적으로 설치되었다. 일반 학교와 동일하게 교과수

---

6 『조선총독부 관보』 제3319호, 「조선총독부감화원관제」, 칙령 제382호.

업을 진행했으나, 실상은 식민지 지배 정책에 철저히 순응하도록 교육했다. 학과는 교육과와 실업과를 두었지만 실상 황국신민화교육은 물론 군사 교련 등 장차 전쟁터의 총알받이로 보내질 소년병 교육을 시행했다. 불량 소년들을 감화시킨다는 명목으로 실제로는 어린 소년들의 조선 독립 의지를 말살시키고 전쟁의 소모품으로 사용하기 위해 감화원을 설치한 것이다. 감화원에서 교육받은 소년들은 탈출을 시도하다가 사망하거나 구타로 인해 또는 영양실조로 죽기도 했고, 굶주림으로 참다 못해 독버섯류를 잘못 먹는 등 희생된 소년들이 많았다.

보호관찰소

보호관찰소保護觀察所는 사상범 보호관찰에 관한 업무를 담당한 기구로 1936년 12월부터 1945년 8월까지 운영되었다. 일제는 조선과 일본 내 치안유지법 위반자 중 집행유예자, 기소유예자, 형 집행 완료자, 가출옥자를 보호관찰이라는 명분으로 지속적으로 감시하고 통제하기 위해 보호관찰소를 설치했다.[7] 보호관찰소에 수감된 자는 대부분 독립운동가들이며 수감되지 않은 독립운동 관계자들을 사찰하기도 했다. 조선 내 보호관찰소는 경성 · 함흥 · 청진 · 평양 · 신의주 · 대구 · 광주에 각 1곳씩 있었다. 소속 직원은 소장 총 7명, 주임관 보도관輔導官 전

----

7 치안유지법은 무정부주의, 공산주의운동을 비롯한 모든 사회운동을 조직하거나 선전하는 자에게 중벌을 가하는 법이다.

임 3명, 판임관 보호사 전임 11명(3명은 주임관), 서기 전임과 통역생 전임 총 15명이 있었다. 이 중 보도관 3명은 모두 경성보호관찰소에 배치되었고, 보호사 11명은 경성보호관찰소에 4명, 나머지는 보호관찰소에 1~2명씩 배치되었다.[8]

예방구금소

예방구금소豫防拘禁所는 <조선사상범예방구금령 및 치안유지법>에 따라 조선인 사상범의 지속적인 통제와 단속을 위한 사상탄압기구로 1941년 3월부터 1945년 8월까지 운영되었다. 사상범은 공산주의, 사회주의, 무정부주의 사상을 가진 범죄자로, 일제는 사회주의계열 독립운동가들을 예방구금대상자로 잡아 형을 집행했다. 예방구금 기간은 2년이지만 재판소 결정에 따라 기간이 늘어날 수도 있었다. 소속 직원은 소장 1명, 주임관 교도관 전임 3명, 판임관 교도관보 전임 8명과 서기 전임 및 통역생 전임 6명이 있다.[9]

교정원

교정원矯正院은 범죄를 저지르거나 범죄의 위험성이 있는 미성년

----
8 『조선총독부 관보』 제2977호, 「조선총독부보호관찰소관제」, 칙령 제432호.
9 『조선총독부 관보』 제4236호, 「조선총독부예방구금소관제」, 칙령 제166호.

자를 수용한 기구로 1942년 3월부터 1945년 8월까지 운영되었다. 교정원 수용 대상자는 14세 이상 20세 미만의 미성년자이며 대다수 독립운동가였다. 교정원의 목적은 보호정책에 입각한 미성년 법죄자의 갱생이지만, 실제로는 1년에 4만 4천여 명이 넘는 인적자원을 선도해 전쟁에 필요한 생산 확충을 도모하려는 의도가 컸다. 그래서 교정원은 태평양전쟁이 한창인 시기에 설치되었다. 소속 직원은 원장 1명, 판임관 교관 전임 4명(2명은 칙임관)·서기 전임과 통역생 전임 총 4명·보도 輔導 8명이 있다.[10] 원장은 칙임관 교관 중에서 임명되었고, 보도는 교관의 직무를 보좌했다.

---

10 『조선총독부 관보』 제4547호, 「조선총독부교정원관제」, 칙령 제189호.

통신 관련 기관

철도국

철도국鐵道局은 조선 철도 관련 업무를 담당한 기구로 1910년에 설치되었고, 소속 양성소로 철도종사원양성소도 설치했다. 1917년에 총독관방에 배치되었고 1924년 총독관방 철도부가 폐지되면서 다시 독립 기구가 되었다. 1940년에 지방철도국(경성, 부산, 함흥)을 설치하고 1942년에 철도종사원양소를 중앙철도종사원양성소로 개칭했다. 1943년 조선총독부철도국을 폐지하면서 교통국으로 개편되었다. 철도국 직원은 장관 1명, 기감技監 1명, 참사參事 6명, 부참사副參事 4명, 참사보

參事補 9명, 기사 38명, 통역관 1명, 서기와 기수 409명으로 구성되었다.[11]

통신국

통신국通信局은 1910년 초반 우편, 전신, 전화 등 통신업무를 관장한 기구다. 통신국 직원은 칙임관 장관通信局長官 1명, 주임관 통신국서기관通信局書記官 전임 2명, 통신사무관通信事務官 전임 8명, 통신사무관보通信事務官補 전임 10명, 통신기사通信技師 전임 15명, 통신서기通信書記·통신기수通信技手·통신서기보通信書記補·항로표지간수航路標識看守 전임 총 745명이 있다.[12] 1911년에는 전기과가 신설되었다. 1912년에는 통신관서와 통신국이 체신관서遞信官署와 체신국으로 개편되면서 통신국이 사라졌다.

통신국 산하 기관

통신국 산하 기관으로 우편국, 우편위체저금관리소郵便爲替貯金管理所, 관측소, 항로표지관리소航路標識管理所가 있다. 우편국은 우편, 우편위체, 우편저금, 전신과 전화에 관한 사무를 맡은 기관으로 밑에

---
11 『조선총독부 관보』 제0028호, 「조선총독부철도국관제」, 칙령 제359호.
12 『조선총독부 관보』 제0028호, 「조선총독부통신관서관제」, 칙령 제360호.

우편소를 두었다. 우편국장은 통신사무관이나 통신사무관보 혹은 통신서기 중에서 임명되었다. 1910년에 설치된 우편국은 전국에 총 191개소, 우편분실 3개소, 우편소 142개소였다. 이 중 전신을 취급하는 곳은 우편국 177개소, 우편국분실 2개소, 우편소 71개소였고, 전화를 취급하는 곳은 우편국 27개소, 우편소 5개소였다.

우편위체저금관리소는 우편위체저금[13]의 검사계산에 관한 사무를 담당한 기관으로 소장은 통신사무관 중에서 임명했다. 관측소는 기상에 관한 사무를 맡은 기관으로 부속기구로 측후소가 있다. 소장은 통신기사, 측후소장은 통신기수 중에서 임명되었다. 항로표지관리소는 항로표지에 관한 사무를 담당한 기관으로 소장은 통신기사 중에 임명되었다.[14]

체신국

체신국遞信局은 1912년부터 우편, 전신, 전화, 전기사업을 담당한 기구다. 체신국에는 장관 1명, 주임관 서기관 전임 3명·사무관 전임 11명·사무관보 전임 11명·기사 전임 19명, 판임관 서기 전임·기수 전임·서기보 전임·항로표지간수 전임 총 784명이 있다.

---
13   우편위체저금은 우편국에 현금대신 수표나 증서로 저금하는 것을 말한다.
14   『조선총독부 관보』 제0028호, 「조선총독부통신관서관제」, 칙령 제360호.

토지와 세금 관련 기관

임시토지조사국

　임시토지조사국臨時土地調査局은 1910년대 토지조사사업 관련 업무를 담당한 기구다.[15] 1910년에 설치된 임시토지조사국의 부서는 서무과, 조사과, 측량과가 있다. 소속 직원으로는 총재 1명, 칙임관 부총재 1명, 주임관 서기관 전임 3명, 사무관 전임 2명, 감사관 전임 1명, 기사 전임 4명, 판임관 서기와 기수 전임 총 50명이 있다.[16] 1911년에는 산하로 임시토지조사국원양성소가 설치되었다. 1912년에는 총재에

15　토지조사사업은 일제가 한국의 식민지적 토지소유관계를 확립하기 위해 1910년~1918년동안 시행한 대규모 국토조사사업이다.
16　『조선총독부 관보』 제0028호, 「조선총독부임시토지조사국관제」, 칙령 제361호.

서 국장중심으로 조직이 개편되었고, 1912년에는 임시토지조사국원양성소가 임시토지조사국사무원 및 기술원양성소로 개칭되었다. 이후 1918년에 토지사업이 마무리되면서 임시토지조사국도 해산되었다.

세관

세관稅關은 관세, 수출입, 이출입 화물 단속과 검열 업무를 담당한 기구로 1910년 9월에 설치되었다. 1943년에 대대적인 행정기구 개편으로 세관이 폐지되고 세관 업무는 교통국으로 이관되었다. 1910년에 인천, 부산, 원산, 진남포에 세관을 설치했고, 1924년에는 원산세관과 진남포세관을 폐지하고 신의주에 세관을 설치했으며 1937년에는 나진에 세관을 설치했다. 세관 소속 직원은 주임관 세관장稅關長 4명 · 사무관 전임 3명 · 감시관 전임 1명, 감정관鑑定官 전임 2명 · 항무관港務官 전임 1명 · 기사 전임 4명 · 항무의관港務醫官 전임 1명, 판임관 서기 · 감시 · 감정관보監視官補 · 항리港吏 · 항무의관보港務醫官補 · 기수 · 감리監吏 총 241명이 있다.[17]

---

17 『조선총독부 관보』 제0028호, 「조선총독부관세관제」, 칙령 제362호.

전매국

전매국**專賣局**은 소금, 담배, 홍삼, 인삼, 아편 생산과 유통을 담당한 기구로 1910년에 설치되었다가 1912년에 폐지되었고, 1921년에 재설치되었다. 전매국 소속 직원은 국장 1명, 주임관 사무관 전임 2명·기사 전임 4명, 판임관 서기와 기수 전임 총 23명이 있다. 1921년에 전매국을 재설치하면서 경성, 전주, 대구, 평양에 지국을 두었고, 산하에 출장소를 두었다. 경성전매지국 산하에는 개성출장소·주안출장소(인천 주안)·충주출장소, 전주전매지국에는 대전출장소, 평양전매지국에는 광량만**廣梁灣**(현재 평안남도 온천군 남부와 남포특별시 와우도구역 사이에 있는 만)출장소를 두었다. 출장소의 소장은 전매국의 부사무관, 기사, 속, 기수 중에서 임명되었다.[18]

세무감독국

세무감독국**稅務監督局**은 징세행정과 세무 감독을 담당한 기구로 1934년 4월부터 1943년 11월까지 운영되었다. 소속 직원은 주임관 사세관**司稅官** 전임 20명, 판임관 속 전임 825명·기수 전임 66명이 있다.[19]

---

18 『조선총독부 관보』 제0028호, 「조선총독부전매국관제」, 칙령 제363호.
19 『조선총독부 관보』 제2189호, 「조선총독부세무감독국사무분장규정」, 조선총독부훈령 제20호.

벌목 관련 기관

영림창

영림창營林廠(서북영림창西北營林廠)은 압록강과 두만강 유역 국유림의 벌목과 관리 감독을 담당한 기구로 1910년에 설치되었고 1926년에 산림부 설치로 폐지되면서 영림창의 업무를 담당한 영림서가 설치되었다. 영림창 소속 직원은 칙임관 또는 주임관 창장廠長 1명, 주임관 사무관 전임 2명·기사 전임 2명, 판임관 서기 전임·기수 전임·통역생 전임 총 17명이 있다.[20]

---
20 『조선총독부 관보』제0028호, 「조선총독부영림창관제」, 칙령 제367호.

영림서

영림서營林署는 국유림의 벌목과 관리에 관한 업무를 담당한 기구로 1926년 6월에 설치되었고 1945년 9월에 폐지되었다. 영림서는 전국에 설치되어 1929년에 경기도 1곳(경성)·충청북도 1곳(충주)·전라남도 1곳(제주도)·경상북도 1곳(봉화)·황해도 1곳(곡산)·평안남도 1곳(영원)·평안북도 8곳(신의주·희천·대유동·초산·위원·강계·중강진·후장)·강원도 8곳(춘천·인제·통천·화양·강릉·울진·복계·평창)·함경남도 14곳(함흥·원산·영흥·북청·단천·하길우·풍산·신갈파·혜산·경성·명천·부령·무산·회령)으로 총 36개소가 있었다. 소속 직원은 서장 1명, 주임관 산림사무관 전임 1명·기사 전임 5명, 판임과 속 전임 15명·기수 전임 71명·삼림주사 전임 261명이 있다.[21]

권업모범장

권업모범장勸業模範場은 농사시노 및 감독, 농업 선반 조사와 시험을 담당한 기구로 1910년에 설치되었고 1929년에 농사시험장으로 개편되었다. 권업모범장은 식민지농정의 참모부 역할을 수행하여 조선에 일본품종 쌀을 이식하고 보급했다. 농사 중심의 사업은 점차 축산, 잠

---
21 『조선총독부 관보』 제4148호, 「조선총독부영림서관제」, 칙령 제164호.

업, 원예 등으로 확대되었다.

소속 직원은 권업모범장장**權業模範場長** 1명, 주임관 기사 전임 10명(1명은 칙임관), 판임관 서기 전임과 기수 전임 총 35명이 있다.[22] 권업모범장은 설치 당시 수원에 본장을 두고 대구·평양·용산·목포·뚝섬에 지장을 설치했다. 수원본장은 농사와 축산, 대구지장은 농사와 농업수리, 평양지장은 농사와 축산, 용산지장은 잠업, 목포지장은 면화, 뚝섬지장은 원예를 담당했다. 1914년에는 대구·평양·용산의 지장을 폐지하고 덕원지장과 세포출장소를 설치했으며 수원에는 원잠종제조소와 여자잠업강습소를 설치했다. 1917년에는 난곡지장을 설치하고 세포출장소를 지장으로 승격했으며 원잠종제조소를 잠업시험소로 바꿨다. 1920년에는 서산지장과 용강출장소를 설치했으며 1923년에는 덕원지장을 폐지하고 용강출장소를 목포지장출장소로 변경했다. 1924년에는 뚝섬지장과 세포지장을 폐지하고 1929년에는 난곡지장을 폐지했다. 권업모범장은 조직이 점점 축소되면서 결국 폐지되었다.

---

22 『조선총독부 관보』 제0028호, 「조선총독부권업모범장관제」, 칙령 제370호.

권업모범장

서울역사박물관 소장

병원 관련 기관

의원

　의원醫院은 조선총독부 의료기관으로 질병 진료와 전염병 조사연구를 담당했다. 1910년에 설치된 의원은 내과 · 외과 · 치과 · 안과 · 산과부인과 · 소아과 · 이비인후과 · 피부과 · 약제과 · 의육과 · 서무과를 두었고, 1911년에는 산하로 의원부속의학강습소를 설치했으며 1913년에는 정신병과를 설치했다. 1916년에는 전염병 및 지방병연구과를 설치하고 경성의학전문학교를 설치하여 의원부속의학강습소를 폐지했다. 1920년에는 의육과를 간호부조산부양성소로 변경했다. 1928년에 의원을 폐지했다.

　소속 직원은 칙임관 의원장 1명, 주임관 의관 전임 9명(2명은 칙임

서울 대한의원
서울역사박물관 소장

관) · 교관 전임 1명 · 사무관 전임 1명 · 약제관 전임 1명, 주임관 또는 판임관 의원 전임 10명, 판임관 서기 전임 · 교관 전임 · 부제수調劑手 전임 · 조수助手 전임 · 통역생 전임 총 24명이 있다.[23]

....
23 『조선총독부 관보』 제0028호, 「조선총독부의원관제」, 칙령 제368호.

제생원

제생원濟生院은 고아의 양육, 맹아자(시각장애인과 언어장애인)의 교육을 담당한 기구로 1912년에 설치되었고 1945년 8월에 폐지되었다. 소속 직원은 원장 1명, 주임관 주사 전임 1명·의관 전임 1명, 판임관 서기·훈도訓導·의원·약제 담당 부제수 전임 총 20명이 있다.[24]

상이군인요양소

상이군인요양소傷痍軍人療養所는 상이군인(부상군인)의 치료, 특히 결핵성 질환과 흉막염 치료 및 요양을 담당한 기구로 1941년 3월부터 1945년 8월까지 운영되었다. 소속 직원은 소장 1명, 주임관 의관 전임 1명, 판임관 의관보 전임 2명·서기 전임 1명·약제수 전임 1명이 있다.[25]

나요양소

나요양소癩療養所는 나환자 구호 및 요양 업무를 담당한 기구로 1934년 9월에 설치되었고, 같은 해 10월에 소록도갱생원小鹿島更生園

---

24 『조선총독부 관보』 1912년 3월 28일 호외2, 「조선총독부제생원관제」, 칙령 제343호.
25 『조선총독부 관보』 제4261호, 「조선총독부상이군인요양소관제」, 칙령 제313호.

으로 명칭이 바뀌었다가 1945년 8월에 폐지되었다. 나환자는 나병(한센병 또는 문둥병)에 걸린 환자를 말한다. 소속 직원은 소장 1명, 주임관 의관 전임 3명 · 사무관 전임 1명, 판임관 의관보 전임 5명 · 서기 전임 4명 · 약제수 전임 3명이 있다.[26]

....
26 『조선총독부 관보』 제2310호, 「조선총독부나요양소관제」, 칙령 제260호.

5

조선
총독부
기관 2

광업소

평양광업소

평양광업소平壤鑛業所는 일본 해군의 연료로 공급되는 석탄 채굴, 연탄 제조와 판매를 담당한 기구로 1910년에 설치되었고 1922년에 폐지되었다. 소속 직원은 1912년에 칙임관 또는 주임관 소장 1명, 주임관 사무관 전임 1명 · 기수 전임 2명, 판임관 서기 전임과 기수 전임 총 8명이 있었고, 1917년에는 기사 3명, 서기 및 기수 14명으로 가가 증원되었다.[1]

---

1 『조선총독부 관보』 제0028호, 「조선총독부평양광업소관제」, 칙령 제369호.

平壌塩業一瞥
（平壌府外土城海面貯水池）

평양염업소, 서울역사박물관 소장

시험장

농사시험장

농사시험장農事試驗場은 농업 전반의 시험과 조서를 위한 연구기관으로 1929년 9월에 설치되었고 1944년 5월에 폐지되었다. 소속 직원은 농사시험장장農事試驗場長 1명, 주임관 기사 전임 15명, 판임관 속 전임 6명·기수 전임 26명이 있다.[2]

임업시험장

임업시험장林業試驗場은 임업에 관한 조사·시험·분석·감정, 숲 조성용 모종이나 묘목의 배부에 관한 업무를 담당한 기구로 1922년 8월부터 1945년 8월까지 운영되었다. 소속 직원은 임업시험장장林業試驗場長 1명, 주임관 기사 전임 4명, 판임관 속 전임 1명·기수 전임 16명이 있다.[3]

---

2 『조선총독부 관보』 제0028호, 「조선총독부권업모범장관제」, 칙령 제370호.
3 『조선총독부 관보』 제3014호, 「조선총독부임업시험장관제」, 칙령 제387호.

농업시험장

농업시험장農業試驗場은 일제강점기 말 식량 증산을 위한 시험과 연구를 한 기구로 1944년 5월부터 1945년 8월까지 운영되었다. 태평양전쟁으로 식량 문제가 발생한 일본은 식량 확보를 위해 수원에 농업시험장을 설치해 자원을 수급했다. 소속 직원은 농업시험장장農業試驗場長 1명, 주임관 사무관 전임 1명, 주임관 기사 전임 42명(1명은 칙임관), 판임관 속 전임 23명과 기수 전임 185명이 있다.[4]

수산시험장

수산시험장水産試驗場은 수산에 관한 시험·조사·분석과 양식에 관한 업무를 담당한 기구로 1921년 5월에 설치되었고 1945년 8월에 폐지되었다. 소속 직원은 수산시험장장水産試驗場長 1명, 주임관 기사 전임 2명, 판임관 기수 전임 13명·서기 전임 2명이 있다.[5]

---

4 『조선총독부 관보』 제5176호, 「조선총독부농업시험장사무분장규정」, 조선총독부훈령 제47호.
5 『조선총독부 관보』 제2623호, 「조선총독부수산시험장관제」, 칙령 제200호.

경성 중앙시험소, 서울역사박물관 소장

시험소

중앙시험소

    중앙시험소中央試驗所는 공업에 관한 시험, 분석, 연구, 감정에 관한 사무를 담당한 기구로 1912년에 설치되었고 1945년 8월에 폐지되었다. 소속 직원은 소장 1명, 주임관 기사 전임 3명, 판임관 서기 전임과 기수 전임 총 6명이 있다.[6] 중앙시험소에는 부대시설 분석실, 요업시험실, 염직시험실, 응용화학실을 설치했고, 1915년에는 위생부, 1938년에 공예부, 1941년에 전기화학부를 신설했다.[7]

검사소

곡물검사소

곡물검사소穀物檢査所는 곡물과 가마니의 검사, 저장 및 조제 연구, 가격 조사를 담당한 기구로 1932년 9월에 설치되었고 1943년 9월에 폐지되었다. 곡물검사소는 조선총독이 지정한 곳에 곡물을 보관하고 조선 곡물을 원활하게 일본으로 반출하기 위해 설치되었다. 소속 직원은 소장 1명, 주임관 기사 전임 8명, 판임관 속 전임 14명 · 기수 전임 515명이다. 소장은 조선총독부기사 중에서 임명되었다.[8]

수산제품검사소

수산제품검사소水産製品檢査所는 수산제품의 검사 및 수이출 조사,

---

6 『조선총독부 관보』 1912년 3월 28일 호외 2, 「조선총독부중앙시험소관제」, 칙령 제35호.
7 요업시험실의 요업은 점토나 비금속 무기재료를 원료로 열처리공정을 거쳐 도자기, 벽돌, 기와 등으로 만드는 제조업을 말한다.
8 『조선총독부 관보』 제0820호, 「조선총독부곡물검사소관제」, 칙령 제279호.

수산제품 검사에 관한 강습 업무를 담당한 기구로 1937년 3월에 설치되었고 1945년 8월에 폐지되었다. 수산제품검사소는 인천세관에 1곳, 부산세관에 3곳, 원산세관에 3곳, 진남포세관에 1곳, 목포세관지서에 3곳, 마산세관지서에 1곳, 성진세관지서에 1곳, 청진세관지서에 2곳, 신의주세관지서에 1곳이 있었다.[9] 각 수산제품검사소의 직원은 소장 1명, 주임관 기사 전임 1명, 판임관 속 전임 1명과 기수 전임 60명이 있다.

생사검사소

생사검사소生絲檢査所는 일본에 보낼 조선 생사生絲(실)의 검사를 담당한 기구로 1942년 4월부터 1945년 8월까지 운영되었다. 소속 직원은 소장 1명, 주임관 기사 전임 1명, 판임관 속 전임 1명과 기수 전임 6명이 있다.[10] 생사검사소는 1942년에 경성, 1943년에 대구에 설치했다.

---

9 『조선총독부 관보』 제3329호, 「수산제품검사소의 각칭과 위치의 통정」, 칙령 제221호.
10 『조선총독부 관보』 제4559호, 「조선총독부생사검사소관제」, 칙령 제372호.

가축 관련 기관

종마목장

　종마목장種馬牧場은 종마의 개량 번식을 담당한 기구로 1932년 10월에 설치되었고 1945년 8월에 폐지되었다. 소속 직원은 종마목장장 1명, 주임관 기사 전임 1명, 판임관 속 전임과 기수 전임 총 2명이 있다. 종마목장장은 조선총독부기사가 담당했다.[11] 종마목장은 조선 말을 개량하여 조선총독의 인가를 받은 조선경마협회에 경마를 보내 경마수익을 극대화하고 마필을 개량하는 재원을 확보하기 위해 사용되었다. 종마목장은 함경북도 경흥군 웅기에 처음 설치되었고, 이후 함경남도 정

11　『조선총독부 관보』 제1749호, 「조선총독부종마목장관제」, 칙령 제330호.

평군에도 설치하여 점차 확충했다. 전시체제하에는 종마목장의 말을 일본에 수레말과 농사용 말로 보내고, 평상시에는 농촌에 소 대신 경작용으로 사용하다가 유사시에는 군마로 활용했다.

수역혈청제조소

수역혈청제조소獸疫血淸製造所는 가축 전염병 관련 업무를 담당한 기구로 1918년 3월에 설치되었고 1942년 5월에 폐지되었다. 소속 직원은 소장 1명, 주임관 기사 전임 2명, 판임관 서기 전임과 기수 전임 총 7명이 있다.[12]

종양장과 종모양육성소

종양장種羊場은 면양의 사육관리, 개량, 번식, 육성에 관한 업무를 담당한 기구이며 종모양육성소種牡羊育成所는 종모양(씨를 받기 위해 기르는 수컷 양) 사육과 배급을 담당한 기구다. 두 기구는 1934년 9월부터 1944년까지 운영되었다. 종양장 소속 직원은 종종양장장種羊場長, 주임관 기사 전임 1명, 판임관 속 전임과 기수 전임 총 2명이 있다. 종양장은 명천·순천·경주에 있고, 종모양육성소는 개풍에 있었다.[13] 종

....
12 『조선총독부 관보』 1918년 4월 1일 호외1, 「조선총독부수역혈청제조소관제」, 칙령 제31호.
13 『조선총독부 관보』 제2277호, 「조선총독부종양장관제」, 칙령 제242호.

모양육성소에는 기수 2명이 있다.

가축위생연구소

가축위생연구소家畜衛生研究所는 기존 수역혈청제조소를 확대 개편한 기구로 가축의 위생과 질병을 연구·조사했고 1942년 5월부터 1945년 8월까지 운영되었다. 소속 직원은 소장 1명, 주임관 기사 전임 7명, 판임관 속 전임 3명과 기수 전임 15명이 있다.[14]

이출우검역소

이출우검역소移出牛檢疫所는 일본으로 이출하는 조선 소를 검역하는 기구로 1943년 7월부터 1945년 8월까지 운영되었다. 소속 직원은 소장 1명, 주임관 수의관獸醫官 전임 3명, 판임관 속 전임 3명과 수의관보獸醫官補 전임 14명이 있다. 이출우검역소는 부산, 진남포, 원산, 인천, 성진, 포항에 각 1개소가 있었다.[15]

---

14 『조선총독부 관보』 제4586호, 「조선총독부가축위생연구소관제」, 칙령 제485호.
15 『조선총독부 관보』 제4919호, 「조선총독부이출우검역소관제」, 칙령 제510호.

양성 기관

권업모범장부속농림학교

  권업모범장부속농림학교는 농업과 임업의 실무를 교육하는 학교로 소속 직원은 교장 1명, 주임관 교유敎諭 전임 4명, 판임관 조교유助敎諭 전임과 서기 전임 총 5명이 있다.[16] 권업모범장부속농림학교의 정보는 남아있지 않아 설치연월과 입학 및 졸업에 대해 알 수 없다.

---

16 『조선총독부 관보』 제0028호, 「조선총독부권업모범장관제」, 칙령 제370호.

공업전습소

공업전습소工業傳習所는 공업기술자 양성 기관으로 1910년에 설치되었고 1915년에 경성공업전문학교 부설기관으로 개편되면서 폐지되었다. 소속 직원은 주임관 소장 1명 · 기사 전임 2명, 판임관 서기 전임과 기수 전임 총 20명이 있다.[17] 공업전습소는 염직 · 도기 · 금속공예 · 목공 · 응용화학 · 토목과가 있었고, 수업 기간은 2년이었다. 각 과에서는 전공과목 외에 물리 · 화학 · 도화 · 일어 · 영어를 배웠다.

경찰관강습소

경찰관강습소警察官講習所는 경찰의 실무 능력향상과 전문지식, 교양 교육을 위한 경찰교육기관으로 1919년 8월에 설치되었고 1945년 8월에 폐지되었다. 소속 직원은 주임관 소장 1명 · 교수 전임 4명, 판임관 조교수 전임 5명 · 서기 전임 2명이 있다.[18]

형무관연습소

형무관연습소刑務官練習所는 간수의 교육과 훈련을 담당한 기구로

---

17 『조선총독부 관보』 제0820호, 「조선총독부농사시험장관제」, 칙령 제279호.
18 『조선총독부 관보』 1919년 8월 20일 호외 2, 「조선총독부경찰관강습소관제」, 칙령 제388호.

1937년 7월에 설치되었고 1945년에 폐지되었다. 형무관연습소는 원래 서대문형무소의 부설이었다가 조선총독부 소속 관서로 승격되었다. 서대문형무소에서 간수들의 교육을 담당한 기구가 설치된 시기는 1910년 말로 당시 명칭은 간수교습소였다. 간수교습소의 주 교육대상은 신규 간수들로 서대문형무소 직원 중에서 교관 2명 이상과 주사 1명을 선발해 교육을 담당하도록 했다. 교습 과목은 감옥학, <조선감옥령> 및 <조선감옥령시행규칙>, <조선형사령>, 회계법규, 기율, 행정제법규, 개인식별법, 조선어와 국어(일본어), 무술 조련, 계구戒具 및 총기 사용법 등이 있다.[19]

1937년에 독립 기구로 승격되면서 명칭도 형무관연습소로 바뀌었다. 출범 당시 직원은 소장 1명, 주임관 교수 전임 1명, 판임관 조교수 전임 2명과 서기 전임 1명이다. 소장은 대개 법무국장이 겸임했다. 전임직원 외에 강사와 촉탁 등 비전임 직원도 두었다. 형무관연습소 교육 과정은 본과 제1부, 본과 제2부, 특과로 구분된다. 본과 제1부는 만 1년 이상 실무 종사자 대상으로 형 집행에 필요한 학술과 운용 실무를 교육했고 교육 기간은 1년 정도였다. 본과 제2부는 새로 채용된 간수를 교육했고 교육 기간은 4개월이었다. 특과는 형 집행 실무에 종사하는 자 중에서 선발되었고 교육기간은 본과와 비슷했다. 교육 과목은 간수교습소의 과목과 동일하다. 각 교육과정 연습생은 수업 종료 후 시험

---
19 계구는 교도소의 피수용자가 도주, 폭행, 자살 등의 행위를 했을 때 물리적으로 구속을 가하는 기구다.

에 통과해야 했다. 통과 기준은 모든 교과목 평균 60점 이상이었다.

육군병지원자훈련소

　육군병지원자훈련소陸軍兵志願者訓練所는 조선인 육군병지원자 훈련 기구로 1938년 3월에 설치되었고 1944년 4월에 폐지되었다. 1937년 중일전쟁 전후로 전쟁에 투입할 군력을 늘리기 위해 육군병지원자훈련소를 설치하고 <육군특별지원병령>이라는 칙령을 공포했다. 이 칙령은 일본 호적법의 적용을 받지 않는 17세 이상의 조선인 중 육군 병역에 복무하기를 지원하는 자를 육군대신이 정한 전형을 통해 현역 또는 제1보충병역에 편입하는 법령이었다. 칙령에는 복무를 원하는 자를 모집했다고 하지만 사실상 강제징용을 위한 제도였다.

　육군병지원자훈련소 직원은 소장 1명, 주임관 교수 전임 1명, 판임관 조교수 전임 2명과 서기 전임 1명이 있다. 이후 전임 직원 수가 늘어나 1943년에는 조교수 41명과 서기 6명으로 증원되었다. 육군병지원자훈련소의 훈련은 기수별로 6개월씩 1년에 2차례 실시되다가 훈련소 입소자가 증가하면서 기수별 4개월씩 1년에 3차례 실시되었다. 훈련은 훈육, 보통학과, 술과로 나뉘었다. 훈육은 일제 정신을 주입하는 교육이고 보통학과는 일본어, 일본사, 일본지리 등의 고등소학교 수준의 교육을 가르쳤으며 전쟁시 생활에 대해서도 가르쳤다. 술과는 체조, 교련, 무도 등 기타 군대에 필요한 교육을 가르쳤다. 훈련소는 양주의 제

1육군병지원자훈련소, 시흥의 제2육군병지원자훈련소가 있었다. 육군병지원자훈련소 입소자는 1943년 기준 6,300명이었다.

해군병지원자훈련소

해군병지원자훈련소軍兵志願者訓練所는 조선인 해군병지원자 훈련기구로 1943년 7월부터 1944년 8월까지 운영되었다. 소속 직원은 소장 1명, 교관 전임 19명(3명은 주임관, 16명은 판임관), 판임관 서기 전임 2명이 있다.[20] 1943년 조선인을 해군으로 동원할 방법을 검토하기 시작한 일제는 5월 해군특별지원병제도를 실시해 호적법의 적용을 받지 않는 조선인과 대만인을 강제로 입대시켰다. 선발된 조선인은 16세 이상 21세 미만의 청년이었고, 도지사의 추천을 거쳐 정해진 전형 방식을 통해 해군특별지원병이 되었다.

군무예비훈련소

군무예비훈련소軍務豫備訓練所는 조선인 징병자의 입대 전 훈련기구로 1944년 4월부터 1945년 8월까지 운영되었다. 일제는 1942년 조선에 징병제를 실시하면서 군무예비훈련소를 설치했다. 소속 직원은

---

20 『조선총독부 관보』 1943년 8월 1일 호외 1, 「조선총독부해군병지원자훈련소규정」, 조선총독부 훈령 제230호.

소장 1명, 교관 전임 70명(9명은 주임관, 61명은 판임관), 판임관 서기 전임 9명이 있다.[21]

군무예비훈련소 입소 대상자는 조선인 징병자로 현역 징병자 가운데 조선청년특별연성소 수료자였다.[22] 군무예비훈련소는 경기도 시흥군 동면 독산리, 경기도 양주군 노해면 공덕리, 평안남도 평양부 신양정에 설치되었다. 군무예비훈련소의 훈련은 기수별로 2개월씩 1년에 6차례 실시되었고, 육군병지원자훈련소와 동일하게 훈육, 보통학과, 술과로 나뉘었다.

만주개척민지원자훈련소

만주개척민지원자훈련소滿州開拓民志願者訓練所는 조선인의 만주 이주를 위한 교육과 훈련을 담당한 기구로 1940년 6월부터 1945년 8월까지 운영되었다. 일제는 만주국 수립 이후 만주와 몽골에서의 자산을 위해 일본인의 만주 대규모 이주를 계획했다. 하지만 이 계획은 제대로 추진되지 못했고 이주한 일본인들은 현지에 적응하지 못해 떠나거나 각지로 이동했다. 일본인이 이주를 버티지 못하자 일제는 조선인들을 강제로 이주시키려 했고, 그 과정에서 만주개척민지원자훈련소를

---

21 『조선총독부 관보』 1944년 4월 22일 호외 1, 「조선총독부군무예비훈련소규정」, 조선총독부훈령 제177호.
22 조선청년특별연성소는 17세 이상 21세 미만의 국민학교 초등과를 수료하지 못한 조선인을 대상으로 한 예비 군사훈련 시설이다.

설치했다. 만주개척민지원자훈련소는 강원도 평강군에 설치되었으며 소속 직원은 소장 1명, 판임관 지도관 전임 6명(1명은 주임관)와 서기 전임 1명이 있다.[23]

훈련은 대상에 따라 간부 훈련, 중견자 훈련, 청년의용대 훈련으로 나뉘었다. 간부 훈련은 2월에 입소하여 2개월간 훈련받았고 만주로 넘어가면 10개월간 길림성의 강밀봉훈련소에서 훈련을 받았다. 입소자격은 25세 이상의 전문학교를 졸업했거나 경험이 있는 자를 뽑았고, 농사나 축산지도원은 농업학교 또는 동등 학력을 가진 자를 뽑았다. 총 인원은 60명이다. 중견자훈련은 입소시기를 4기로 나눠 매년 4월, 6월, 8월, 10월에 입소했으며 2개월간 훈련받았다. 입소자격은 17세 이상 35세 이하의 남자로 초등학교나 간이학교簡易學校 졸업자 또는 농사를 2년 이상 지었던 자를 뽑았고 총 인원은 900명이다.[24] 청년의용대는 매년 5월에 입소하여 1개월 정도 훈련받은 후 일본 우치하라훈련소(일본의 청소년의용군훈련소)에서 3개월간 훈련을 받았다. 입소자격은 15세 이상 20세 이하의 남자로 초등학교나 간이학교 졸업자, 농업이 취미인 자를 뽑았다. 총 인원은 200명이다. 이들은 모두 일제 교육과 농업교육을 받고 만주로 넘어가 만주와 몽골의 자원을 재취하는 노동을 했다.[25]

---

23 『조선총독부 관보』 제4023호, 「조선총독부 만주개척민지원자훈련소관제」, 칙령 제386호.
24 간이학교는 한국인 아동들을 속성으로 가르치는 2년제 초등학교다.
25 유필규, 「1940년대 조선총독부 만주개척민지원자훈련소의 설치와 성격」, 『한국독립운동사연구』 제48집, 2014.

무선전신강습소

무선전신강습소無線電信講習所는 무선통신사의 양성과 교육을 담당한 기구로 1944년 3월부터 1945년 8월까지 운영되었다. 강습소 위치는 경기도 양주군 노해면 월계리이다. 소속 직원은 소장 1명, 교관 전임 9명(3명 주임관, 6명 판임관), 판임관 서기 전임 1명이 있다.[26]

직업소개소

직업소개소職業紹介所는 중일전쟁 때 부족한 노무자 동원과 수급 조정을 담당한 기구로 1940년 1월부터 1943년 9월까지 운영되었다. 직업소개소는 경성, 대구, 부산, 평양, 신의주, 함흥, 대전, 광주, 청진, 청주, 전주, 해주, 춘천에 설치되어 각 지역에서 군수노동력을 확보했다. 설치 당시 소장 1명, 주임관 사무관 전임 2명, 판임관 서기 전임 26명이 각각 배치되었고, 1941년에는 총 인원이 42명까지 늘어났다가 1942년에 행정간소화 정책으로 36명까지 줄었다.[27] 직업소개소에서 징용된 노동자수는 1940년 기준 6만여 명 정도이며, 대부분 공업 및 광업 노동자로 강제징용되었다.

---

26 『조선총독부 관보』 제3900호, 「조선총독부직업소개소관제」, 칙령 제17호.
27 『조선총독부 관보』 제5158호, 「조선총독부무선전신강습소관제」, 칙령 제208호.

심판소

해원심판소

해원심판소海員審判所는 해원(선박을 운용하는데 필요한 면허를 가진 자)의 심판에 관한 업무를 담당한 기구로 1914년에 설치되었고 1945년 8월에 폐지되었다. 소속 직원은 소장 1명, 심판관 6명, 이사관 2명, 서기 3명이 있다.[28]

소년심판소

소년심판소少年審判所는 범죄를 저지른 미성년자가 교정원에 구금

---

28 『조선총독부 관보』 제0506호, 「조선총독부해원심판소관제」, 칙령 제50호.

되기 전에 보호처분 심판을 받는 기구이며 1942년 3월부터 1945년 8월까지 운영되었다. 소속 직원은 소장 1명, 주임관 소년심판관少年審判官 전임 2명, 판임관 소년보호사少年保護司 전임 6명(3명은 주임관)과 서기 전임 및 통역생 전임 총 7명이 있다.[29]

---

29 『조선총독부 관보』 제4527호, 「조선총독부소년심판소관제」, 칙령 제188호.

기타 기관

인쇄국

인쇄국印刷局은 1910년 초 화폐 인쇄와 조선총독부 인쇄 관련 업무를 담당한 기구로 1912년 3월에 폐지되었다. 인쇄국 소속 직원은 국장 1명, 주임관 사무관 전임 2명·기사 전임 4명, 판임관 서기 전임과 기수 전임 총 23명이 있다.[30]

---

30 『조선총독부 관보』 제0028호, 「조선총독부인쇄국관제」, 칙령 제364호.

도서관

도서관圖書館은 조선총독부에서 관리·운영하는 도서관으로 1923년 12월에 설치되었고 1945년 8월에 폐지되었다. 소속 직원은 주임관 관장 1명, 판임관 서기 전임 1명이 있다.[31]

기상대

기상대氣象臺는 기상관련 업무를 맡은 기구로 1939년부터 1945년 8월까지 운영되었다. 소속 직원은 대장 1명, 주임관 기사 전임 13명, 판임관 속 전임 3명과 기수 전임 62명이 있다. 1945년에는 속 전임 5명과 기수 전임이 137명이 있었다.[32]

관폐대사조선신궁

관폐대사조선신궁官幣大社朝鮮神宮은 일본 국가신도체제를 이식하기 위해 조선에 설치한 신궁으로 1925년 10월에 설치했고 1945년 8월에 폐지되었다. 일제는 한국을 식민지로 획득했음을 드러내기 위해 자신들의 건국 신화의 주신인 아마데라스오미가미天照大神와 1912년에

---

31 『조선총독부 관보』 제3393호, 「조선총독부도서관관제」, 칙령 제493호.
32 『조선총독부 관보』 제3735호, 「조선총독부기상대관제」, 칙령 제418호.

죽은 메이지왕明治王을 한국 땅을 지키는 신으로 결정하여 1918년부터 관폐대사조선신궁을 설치했고, 이를 중심으로 일본인들이 세운 신사를 밑에 두어 조선인의 신앙을 교화하는 종교적 지배체제의 정비를 꾀했다.

국폐사

국폐사國幣社는 일본 국가신도체제를 조선에 이식하기 위해 각도에 설치한 신사로 국폐소사國幣小社라고도 불렀다. 국폐사는 1936년부터 1945년 8월까지 운영되었다. 20세기 초 일본은 신도神道(일본 고유 민족 종교)를 국교로 하는 국가신도체제를 확립했다. 국가신도는 메이지 유신(1853년)부터 태평양전쟁의 패전에 이르기까지 약 80년 동안 일본 국민에게 강제된 국가종교다. 일제는 천황 이데올로기를 조선에 주입하고자 초반에 관폐대사조선신궁을 설치했고, 이후 신사제도와 관련된 5개 칙령을 공포했으며 조선에 국폐사를 설치했다. 국폐사에서 숭배하는 신은 아마테라스오미카미天照大神, 구니타마노오카미顕国玉神, 오나무치노미코토大己貴命 등이 있다. 전국에 설치한 국폐사는 경성신사, 용두산신사(부산), 대구신사, 평양신사, 전주신사, 함흥신사, 광주신사, 강원신사가 있다.[33]

---

33   김대호, 「1910~20년대 조선총독부의 조선신궁건립과 운영」, 『한국사론』 제50집, 2004; 김승태, 「조선총독부의 종교정책과 신사」, 한국기독교역사연구소소식, 2007.

6

대한민국 임시정부

대한민국임시정부의 탄생

　1910년대, 대한제국을 식민지로 삼은 일제는 폭압적인 식민지 악법을 통해 수탈을 합법화하고 민족문화와 교육을 억압하는 등 한민족을 말살하려 들었다. 이에 국내외로 일제에 대항하고 독립을 획책하기 위한 움직임이 일어났다. 국내에서는 일제의 눈을 피하기 위한 비밀결사 활동이 주로 전개되었고, 일부 비밀결사 단체들은 해외로 넘어가 한국의 상황을 알리거나 비밀결사 단체의 자금을 마련하기 위해 활동했다. 일제는 비밀결사를 사전 봉쇄하기 위해 안악사건[1], 105인 사건[2] 등

1　안악사건은 1910년 11월 안중근의 사촌 동생 안명근安明根(1879-1927)이 황해도 안악 지방에서 서간도에 무관학교를 설립하기 위한 자금을 모으다 관련 인사 160여 명과 함께 일제에 검거된 사건이다.
2　105인 사건은 일제가 1907년에 조직된 비밀 항일 단체인 신민회를 탄압하기 위해 데라우치 총독 암살음모 사건을 꾸며 신민회 회원을 대거 체포하고 고문하면서 사건을 확대 조직하여 1912년 애국지사 105명을 투옥한 사건이다. 이 사건으로 신민회가 해체되었다.

을 조작 또는 날조하며 탄압했지만 굴하지 않은 비밀결사 조직들은 전국 각지에서 독립의군부獨立義軍府[3], 대한광복회大韓光復會[4], 대동청년단大東靑年團[5]으로 발전했다.[6]

 1919년에 일어난 3.1운동은 민중에게 독립에의 열망을 고취시키고 반일 감정을 고무시켰다. 전국적인 운동으로 확산된 3.1운동은 국내뿐만 아니라 해외 독립운동가들에게도 큰 영향을 미쳤다. 특히 상하이에서 활동 중인 독립운동가들에게 큰 자극이 되었다. 상하이는 신해혁명辛亥革命의 핵심 지역으로 정치·외교뿐만 아니라 군사, 경제면에서도 우리나라 독립운동 혁명군의 주요 거점이었다.[7] 상하이는 국내와 미주, 하와이의 독립운동가들을 연결하는 중점지였기 때문에 각국에서 활동하는 독립운동가와의 교류지점이기도 했다.

 3.1운동 독립선언이 발표된 후 국내외에서 활동하던 많은 지도자들이 국외 독립운동의 거점인 상하이로 모였다. 상하이는 국내를 비롯하여 일본이 주둔한 만주나 연해주에 비해 상대적으로 안전하고 다른 지역보다 한국과 가깝다는 지리적 이점이 있었다. 상하이로 모여든 지도자들은 1919년 4월 10일과 11일에 의원 29명이 출석하여 '임시의정원

---

3 독립의군부는 1912년 9월 고종의 밀명을 받은 임병찬林炳瓚(1851-1916)이 독립의군부 전라남도 순대장의 이름으로 비밀리에 조직한 독립운동단체.
4 대한광복회는 1915년 7월 대구에서 결성된 독립운동단체로 독립을 목적으로 무장투쟁을 주도하여 군대식으로 조직되었다.
5 대동청년단은 1909년 10월 부산 동래에서 조직된 항일 비밀결사로 만주까지 확대되었다. 주로 교육을 통한 독립운동가 양성 및 독립운동 연락 기지, 자금 지원 역할을 했다.
6 김병기, 『대한민국임시정부사』, 이학사, 2019.
7 신해혁명은 1911년에 일어난 중국의 민주주의 혁명으로, 청나라 말기 유럽 강국의 압박과 태평천국의 난 등으로 청조 지배체제가 위기에 처하게 되자 중국은 근대화를 추진하게 되었다. 이때 서양 무기와 근대사업, 서양식 교육을 추진했다.

臨時議政院'이라는 명칭의 의회를 구성하고 이동녕李東寧(1869-1940)을 의장으로 선출했다. 또 의회에서 국호와 연호 및 관제를 결의하고 임시헌장 10개조와 헌장 선포문을 결정하면서 임시정부를 수립했다.[8]

하지만 국무총리國務總理를 수반으로 한 대한민국임시정부는 곧바로 출범하지 못했다. 당시 이승만李承晩(1875-1965)을 국무총리로 삼았는데, 이승만은 상하이에 있지 않았고 이승만을 국무총리로 선출하는 과정에서 논란이 생겼기 때문이다. 신채호申采浩(1880-1936) 등 이승만의 국무총리 선출을 반대하는 쪽에서는 이승만이 제창한 "국제연맹이 일정기간 한국을 위임통치" 및 자치문제를 문제로 삼으며 국무총리로서 신임할 수 없다고 주장했기 때문이다.[9]

하지만 미국에서 활동하던 독립운동가 안창호安昌浩(1878-1938)가 임시정부가 수립되고 난 5월 25일에 상하이로 돌아와 이승만이 국무총리가 될 수 있도록 지지하고 내무총장으로 취임하면서 임시정부의 활동이 시작되었다. 안창호는 미주 대한인국민회大韓人國民會[10]가 모은 독립자금 2만 5천달러로 임시정부 청사를 마련했고, 임시의정원에 출석하여 향후 인구조사, 공채 발행, 인구세 등으로 재정을 마련하고 군

---
8 임시헌장 10개조는 1919년 4월 11일에 공포된 상해 임시정부의 첫 헌법이다. 임시헌장 선포문은 임시헌장 10개조를 선포한 문서로 기의 30여 일만의 평화적 독립을 300여 주에 선언했다.
9 국제연맹은 제1차 세계대전 후에 설립된 국제평화기구로, 승전국인 영국과 프랑스를 중심으로 스위스 제네바에 창설되었다.
10 대한인국민회는 1909년 미주 지역의 한인들이 연합하여 결성한 단체다.

근대 161

사 활동과 외교로 일제의 통치를 무력화시키며 연통제[11]와 교통국[12]을 법령으로 제정하고 특파원들을 국내로 파견해 내국인들과 연계하자는 시정방침을 발표했다. 이때부터 임시정부는 국내외 독립운동의 중심이 되었다.[13]

---

11   임시정부 내무부 산하 기관으로 국내에 연통부를 설치했다. 연통부는 임시정부 직할의 국내 행정조직으로 연통부의 주요 기능은 상하 행정기관을 연결하는 통신업무와 자금의 수합, 임시정부 중심의 국내 행정 장악이었다. 안창호는 연통제로 1919년 11월 30일에 서울에 임시총판부를 설치했다. 국내뿐만 아니라 만주지역에도 설치했지만 1921년에 일제의 탄압으로 붕괴되었다.
12   교통국은 임시 정부 교통부 산하의 기관으로 각 지방의 연락 조직망이다. 주요 기능은 통신기관으로서 독립운동에 필요한 국내외 정보를 수집하고 연결하는 것이었다.
13   김병기, 『대한민국임시정부사』, 이학사, 2019.

대한민국임시정부 소속 기관

임시의정원

　임시의정원臨時議政院은 1919년 중국 상하이에 설립된 대한민국 임시정부의 입법기관이다. 3.1운동 직후 독립운동을 조직화하기 위해 임시정부가 수립되면서 국내외 독립운동가 29명이 1919년 4월 10일에 상하이에서 임시의정원을 세웠다.[14] 임시의정원은 초대 의장에 이동녕, 부의장에 손정도孫貞道(1872-1931)를 선출하고 국무총리로 이승만을 두어 국무원國務院을 구성했다. 국호는 4월 11일에 대한민국大韓民國으로 정하고 4월 25일에 임시의정원법을 의결했으며 9월 11일에 대

14　이기형, 『동양 여운형』, 신천문학사, 1983.

한민국임시정부헌법을 공포했다.

임시의정원 조직은 1919년 7월 7일부터 7월 19일까지 열린 제5차 회의에서 명확하게 구성되었다. 회의에는 전원위원회 위원장 신채호, 상임위원회 법제위원장 홍진洪震(1877-1946), 위원 손두환孫斗煥(1895-?), 내무위원장 최창식崔昌植(1892-1947) 등이 참석했다. 이때 이미 임시의정원 관할 부서가 성립되었던 것으로 보인다.[15] 하지만 체제가 확립된 상태가 아니었기 때문에 필요한 부서만 임시적으로 설치하다가 1919년 11월 5일에 대한민국 임시 관제를 공포하면서 소속 기관과 기관에 속한 행정 조직을 정식으로 설치했다.[16]

대본영

대본영大本營은 임시대통령을 원수元帥로 한 군사 최고 통솔부다. 임시대통령은 대한민국임시정부의 총괄 책임자로 1919년 11월 5일에 이승만이 초대 대통령으로 선출되었다.[17] 대본영은 기관의 고등부高等部(고위부)를 담당하고, 작전을 꾸미고 계획하는 업무를 전담했다. 국무총리 또는 참모총장參謀總長이 대본영의 업무를 담당했다.[18]

----

15 양영석, 「대한민국 임시의정원 연구, 1919-1925」, 『한국독립운동사연구』 1, 1987.
16 『대한민국임시정부자료집』 1 헌법·공보, 「대한민국임시정부 공보」, 대한민국임시정부공보 호외1919.11.5.
17 1919년 9월 11일 임시헌법을 제정한 대한민국임시정부는 이승만을 임시대통령으로 선출해 대통령중심제의 정부를 수립했다. 하지만 1925년 3월 이승만은 임시대통령직에서 탄핵과 면직처분을 받았고, 1926년 9월 임시대통령제를 폐지하고 국무원제를 채택하면서 의원내각제 형태로 바꿔었다.
18 『대한민국임시정부자료집』 1 헌법·공보, 「대한민국임시정부 공보」, 대한민국임시정부공보 호

참모부

참모부參謀部는 국방 또는 용병에 관한 계획 일체를 통솔한 기관으로 참모총장 1명, 참모차장參謀 1명, 참모參謀 몇 명으로 조직되었다.[19]

국사참의회

국사참의회軍事參議會는 주요 사무에 관한 임시대통령의 자문기관이다. 국사참의회는 임시대통령이 선임한 의장 1명, 부의장 1명, 참의원 몇 명으로 조직되었다.[20]

회계검사원

회계검사원會計檢査院은 임시정부의 회계 일체를 검사·확정하며 감독하는 기관이다. 회계검사원은 검사장 1명, 검사관 몇 명으로 조직되었다. 검사관은 종신관終身官으로 타 관직을 겸임할 수 없다.[21]

외 1919.11.5.
19   『대한민국임시정부자료집』 1 헌법·공보, 「대한민국임시정부 공보」, 대한민국임시정부공보 호외 1919.11.5.
20   『대한민국임시정부자료집』 1 헌법·공보, 「대한민국임시정부 공보」, 대한민국임시정부공보 호외 1919.11.5.
21   『대한민국임시정부자료집』 1 헌법·공보, 「대한민국임시정부 공보」, 대한민국임시정부공보 호외 1919.11.5.

국무원

국무원國務院은 임시정부의 행정부로 국무원 안에 3국(서무국庶務局, 법제국法制局, 전계국銓稽局) 6부(내무부, 외무부, 재무부, 법무부, 군무부, 교통부)를 두고 각 부에 총장과 차장을 두어 초대 국무원을 조직했다. 국무총리는 임시대통령의 총람總攬 하에서 국무원 수장으로서 행정사무를 통괄했다. 만약 국무총리가 각부 총장 또는 노동국총판勞動局總辦의 명령 혹은 처분이 전조 규정에 어긋나다 인정할 때에는 바로 각부 총장 또는 노동국총판의 직능을 중지시켰다. 국무총리는 법률 공포와 명령에 대해서 국무원과 서명하고 각 부 직속의 사무는 국무총리와 해부총장該部總長이 체결했다.[22]

국무원 본청 소속 국무원은 비서장秘書長 1명, 비서 몇 명, 서기 몇 명이다. 비서장은 국무기밀을 관장하며 소속 직원을 감독하고 국무원 회계 업무, 법률 반포 또는 원본 보관, 공문 전보 발송·등록, 국무회의 기록 편전, 국무원 인장 관리, 기타 기밀 업무를 담당했다. 비서는 상관의 사무를 관리했고 서기는 사무에 종사했다.[23]

---

22 해부는 예부 또는 예조이다.
23 『대한민국임시정부자료집』 1 헌법·공보, 「대한민국임시정부 공보」, 대한민국임시정부공보 호외 1919.11.5.

국무원 소속 3개국

서무국

서무국은 국무총리의 명을 받고 국무원의 서무를 처리한 부서로 통계조사, 인쇄 및 공보, 전례, 의식, 수리, 설비를 담당했다. 직원은 서무국장 1명, 참사 몇 명, 서기 몇 명이 소속되었다. 서무국장은 소속 부서 업무를 관리했고 참사는 사무를 관리했으며 서기는 사무에 종사했다.[24]

법제국

법제국은 국무총리의 명에 따라 법률제도의 기초 심사 입안을 관장하는 기관으로 법률명령안 기초 제정 폐지 및 개정, 각부 총장이 국무회의에 제출한 법률명령안, 국무총리의 자문사건에 관한 사항을 다루었다. 소속 직원은 국장 1명, 위원 몇 명, 서기 몇 명이 있다.[25]

전계국

전계국은 국무총리의 명을 받아 관리의 급여, 공로자의 조사에 관

---

24 『대한민국임시정부자료집』 1 헌법·공보, 「대한민국임시정부 공보」, 대한민국임시정부공보 호외 1919.11.5.
25 『대한민국임시정부자료집』 1 헌법·공보, 「대한민국임시정부 공보」, 대한민국임시정부공보 호외 1919.11.5.

한 사무 일체를 담당한 기관으로 관리의 임면·승진과 전직 및 경력, 연금 및 위로금, 광복 후 의순공로자義殉功勞者(독립운동에 목숨을 바친 자) 또는 재정원조자 조사에 관한 사항을 다루었다. 전계국에는 국장 1명, 위원 몇 명, 서기 몇 명이 있다.[26]

국무원 소속 7부 1국

국무원에는 내무부, 외무부, 군무부, 법무부, 학무부, 재무부, 교통부과 노동국이 있다. 각 부에는 총장 1명, 노동국에는 총판 1명이 소속되었다. 각 부의 총장과 총판은 주관사무에 관해 직권 또는 특별위임에 의하여 부령을 발포發捕할 수 있고, 지방장관의 명령 또는 처분이 법률에 위반되거나 직권의 범위에서 벗어난 자를 처벌할 권리가 있으며 소속 직원을 감독하고 서기 이하 직원의 인사이동 결정권이 있었다. 만약 총장이 자리에 없으면 차관이 대리로 업무를 수행했다. 각 부에는 비서국秘書局이 있는데, 비서국은 기밀, 관리 인사관련 업무, 기관 인장 관리, 문서 또는 전보의 전송·기록·편찬, 통계보고, 본부의 경비 수입 또는 예산결산 회계, 직속 관유재산 및 물품을 담당했다.[27]

---

26   『대한민국임시정부자료집』 1 헌법·공보, 「대한민국임시정부 공보」, 대한민국임시정부공보 호외 1919.11.5.
27   『대한민국임시정부자료집』 1 헌법·공보, 「대한민국임시정부 공보」, 대한민국임시정부공보 호외 1919.11.5.

내무부

내무부는 대한민국임시정부 내무 행정을 관장한 중앙행정기관으로 비서국·지방국地方局·경무국警務局·농상공국農商工局이 소속되었다.[28] 총괄 책임자 내무총장은 의원 선발, 지방자치, 경찰, 위생, 농상공무와 종교에 관한 업무를 총괄했다. 내무총장 아래에는 차관 1명, 국장 4명, 참사 1명, 서기 몇 명이 있다.[29]

내무부 소속 관서

지방국

지방국은 지방자치, 국적 및 인구조사, 징병과 징발, 행정구역 변경 및 설폐設廢(폐기), 이재민 및 어려운 사람 구제, 공익사단과 재단 허가, 각 종교 및 제도 건물, 각 지역 고적 보존, 토목에 관한 업무를 수행한 관서다. 소속 직원은 국장 1명, 서기 몇 명이 있다.

---

28 내무부 비서국의 업무는 위의 국무원 설명에 소개된 비서국의 업무와 동일하다.
29 『대한민국임시정부자료집』1 헌법·공보, 「대한민국임시정부 공보」, 대한민국임시정부공보 호외 1919.11.5.

경무국

경무국은 행정경찰, 고등경찰, 도서출판 및 저작권, 일정 위생에 관한 업무를 담당한 관서다. 소속 직원은 국장 1명, 서기 몇 명이 있다.

농상공국

농상공국은 농업, 어업, 광산 및 황무지 개간, 공업, 도량형 및 의장 허가, 상업에 관한 업무를 담당한 관서다. 소속 직원은 국장 1명, 서기 몇 명이 있다.

외무부

외무부外務部는 대한민국임시정부의 외교를 관장한 중앙행정기관으로 비서국, 외사국外事局, 통상국通商局이 소속되었다.[30] 외무부 총괄 책임자는 외무국장으로 외교정무, 국제교섭을 위한 여행과 외국 거류 인민 상업의 보호사무를 총괄하고 외교관 및 영사를 지휘감독했다. 외무총장 아래에는 차관 1명, 국장 3명, 참사 1명, 서기 몇 명이 있다.[31]

---

30 외무부 비서국의 업무는 위의 국무원 설명에 소개된 비서국의 업무와 동일하다.
31 『대한민국임시정부자료집』 1 헌법·공보, 「대한민국임시정부 공보」, 대한민국임시정부공보 호외 1919.11.5.

외무부 소속 관서

외사국

외사국은 외교기밀, 본국(한국)의 각 외교관과 영사, 다른 나라 정법제도의 현황과 여론 조사, 외국에 사는 조선인 구재, 외국과 체결한 조약 원본 보관과 번역 및 통역, 외국거주 일반인에 관한 업무를 수행한 관서다. 소속 직원은 국장 1명, 서기 몇 명이 있다.

통상국

통상국은 통상 항선 및 이민, 통상조약 체결·개발에 관한 사항을 담당한 관서로 소속 직원은 국장 1명, 서기 몇 명이 있다.

군무부

군무부는 대한민국임시정부의 국방관제를 담당힌 중앙행정기관이다. 군무부에는 비서국, 육군국**陸軍局**, 해군국**海軍局**, 군사국**軍事局**, 군수국**軍需局**, 군법국**軍法局**이 있다.[32] 군무부 총괄 책임자는 군무총장으로 육해군 군정에 관한 사무를 관장하고 육해군인 군속을 총괄하며 소

---
32 군무부 비서국의 업무는 위의 국무원 설명에 소개된 비서국의 업무와 동일하다.

관 관서를 감독했다. 군무총장 아래에는 차관 1명, 국장 6명, 참사 1명, 서기 몇 명이 있었다.[33]

군무부 소속 관서

육군국

육군국은 육군 군대 편성 제도 및 평상시와 전투시 군사 편제, 계엄 戒嚴 연습과 검열, 부대 배치, 전투시 법규와 군기 및 의식 의복 제도, 육군비행대, 각과 병사, 육군 위생 제도를 담당한 관서다. 소속 직원은 국장 1명, 서기 몇 명이 있다.

해군국

해군국은 해군 군대 편성 제도, 평상시와 전투시 군사 편제, 계엄 연습과 검열, 부대 배치, 전투시 법규와 군기 및 의식 의복 제도, 함선 제도, 해상 보안 및 운수 통신, 등대와 측기, 해군비행대, 해군 위생에 관한 제도를 담당한 관서다. 소속 직원은 국장 1명, 서기 몇 명이 있다.

---

33 『대한민국임시정부자료집』 1 헌법 · 공보, 「대한민국임시정부 공보」, 대한민국임시정부공보 호외 1919.11.5.

군사국

군사국은 육해군 문무관 보충, 육해군 병적兵籍(병사 개개인에 관한 법적 소속 관계), 전투시 명부, 육해군 병사 모집, 공로, 연금, 포상, 휴가, 결혼, 육해군 유학생 및 학교를 담당한 관서다. 소속 직원은 국장 1명, 서기 몇 명이 있다.

군수국

군수국은 병기와 무기 재료, 의복, 식량, 말, 물품, 군자금 운용, 경리연구 모의, 건축, 군수관 교육, 패물 처분을 담당한 관서다. 소속 직원은 국장 1명, 서기 몇 명이 있다.

군법국

군법국은 군사국법, 육해군 감옥, 군사심판, 감옥 직원의 인사, 특별사면, 죄인 인도, 군법회의를 담당한 관서나. 소속 직원은 국장 1명, 서기 몇 명이 있다.

법무부

법무부는 대한민국임시정부의 법원과 감옥, 민사와 형사 등 사법행정 사무를 담당한 중앙행정기관이다. 법무부에는 비서국, 민사국民事局, 형사국刑事局, 감옥국監獄局이 소속되었다.[34] 법무부 총괄 책임자인 법무총장은 법원과 감옥을 감독하고 민사, 형사, 기타 사법행정 사무를 총괄했다. 법무총장 아래에는 차관 1명, 국장 4명, 참사 1명, 서기 몇 명이 있다.[35] 1920년대에는 법무부를 사법부로 개칭했다.

법무부 소속 부서

민사국

민사국은 관할구역, 민사 비송사건, 민사 또는 비송재판, 호적등기와 공증에 관한 사무를 맡은 관서다. 소속 직원은 국장 1명, 서기 몇 명이 있다.

34　법무부 비서국의 업무는 위의 국무원 설명에 소개된 비서국의 업무와 동일하다.
35　『대한민국임시정부자료집』 1 헌법·공보, 「대한민국임시정부 공보」, 대한민국임시정부공보 호외 1919.11.5.

형사국

형사국은 형사, 형사재판 및 검찰, 사면, 감형, 복권, 형벌 집행, 국제교부범죄, 변호사회에 관한 사무를 맡은 관서다. 소속 직원은 국장 1명, 서기 몇 명이 있다.

감옥국

감옥국은 감옥 설치와 폐지 및 관리, 감옥직원 감독, 가석방, 출옥인 보호, 범인 식별에 관한 사무를 맡은 관서다. 소속 직원은 국장 1명, 서기 몇 명이 있다.

학무부

학무부는 대한민국임시정부의 교육 관련 업무를 담당한 중앙행정기관으로 비서국, 교육국敎育局, 편집국編輯局이 소속되었다.[36] 학무부 총괄 책임자 학무총장은 교육과 학예에 관한 일정 사무를 총괄했다. 학무총장 아래에는 차관 1명, 국장 3명, 참사 1명, 서기 몇 명이 있다.[37] 1944년 학무부를 문화부文化部로 고치고 1944년 6월부터 1945년 3월

---

36   학무부 비서국의 업무는 위의 국무원 설명에 소개된 비서국의 업무와 동일하다.
37   『대한민국임시정부자료집』 1 헌법·공보, 「대한민국임시정부 공보」, 대한민국임시정부공보 호외 1919.11.5.

까지 유학생 취학과 아동국어교육, 장학금지급 등을 주관했다. 문화부 총괄 책임자인 문화부장은 설치 당시 2명이었다.

학무부 소속 부서

교육국

교육국은 학교, 해외유학생, 도서관, 박물관, 천문대, 측후소, 실업교육비, 국고보조에 관한 업무를 담당한 관서다. 소속 직원은 국장 1명, 서기 몇 명이 있다.

편집국

편집국은 교과용 도서의 편찬·발행·조사·검정·허가, 교육상 필요한 도서 편찬 및 번역, 국어조사, 도서관리를 담당한 관서다. 소속 직원은 국장 1명, 서기 몇 명이 있다.

재무부

재무부는 대한민국임시정부의 재무행정을 담당한 중앙행정기관으로 비서국, 주세국, 이재국, 주계국이 소속되었다.[38] 재무부 총괄 책임자인 재무총장은 회계출납과 조세 국비 및 부채 은행에 관한 재무사무 일체를 총괄하고 필요할 시 외부에 재무관을 파견하여 해외에 있는 본국 재정과 경비 사무를 담당했다. 재무총장 아래에는 차관 1명, 국장 3명, 참사 1명, 서기 몇 명이 있다.[39]

재무부 소속 관서

주세국

주세국은 국세부과·징수, 세관 관리·감독, 민유토지, 토지대장, 조세 이외 모든 수입에 관한 업무를 담당한 관서다. 소속 직원은 국장 1명, 서기 몇 명이 있다.

이재국

이재국은 자금운용, 화폐주조, 금고감독, 은행감독, 지폐, 은행권, 금융, 국내외국채에 관한 업무를 담당한 관서다. 소속 직원은 국장 1명, 서기 몇 명이 있다.

---

38 재무부 비서국의 업무는 위의 국무원 설명에 소개된 비서국의 업무와 동일하다.
39 『대한민국임시정부자료집』 1 헌법·공보, 「대한민국임시정부 공보」, 대한민국임시정부공보 호외 1919.11.5.

주계국

주계국은 예산결산, 특별회계의 예산결산, 지불예산, 국고출납 관리 및 출납회계서, 국고부기, 주계부기, 예출입통계서 제작, 예산서 일체 검사, 출납관리의 감독, 신분보증, 예비금, 금전 물품 회계 통일, 지방 세인稅印에 관한 업무를 담당한 관서다.[40] 소속 직원은 국장 1명, 서기 몇 명이 있다.

교통부

교통부는 대한민국임시정부의 교통행정을 관장한 중앙행정기관으로 비서국, 철도국鐵道局, 통신국通信局, 해운국海運局이 소속되었다.[41] 교통부 총괄 책임자인 교통총장은 철도, 통신, 해운에 관한 행정사무를 담당했다. 교통총장 아래에는 차관 1명, 국장 4명, 참사 1명, 서기 몇 명이 있다.[42]

---

40 세인은 증서나 장부의 인지세 또는 과세 해당 물건에 도장을 찍는 것을 말한다.
41 교통부 비서국의 업무는 위의 국무원 설명에 소개된 비서국의 업무와 동일하다.
42 『대한민국임시정부자료집』 1 헌법·공보, 「대한민국임시정부 공보」, 대한민국임시정부공보 호외 1919.11.5.

교통부 소속 부서

철도국

철도국은 철도 건설과 폐지, 조선에 있는 철도 관리와 부속 영업, 육상 운송 감독, 개인 소유 철도, 철도 제작 재료의 구매, 제조, 분배, 보관에 관한 업무를 담당한 관서다. 소속 직원은 국장 1명, 서기 몇 명이 있다.

통신국

통신국은 우편 전송, 우편저금과 환전, 전보, 전화, 기타 전기, 개인 소유 전기 사업에 관한 업무를 담당한 관서다. 소속 직원은 국장 1명, 서기 몇 명이 있다.

해운국

해운국은 해운, 배 사업, 항로표지, 해항·해선과 수상운송에 관한 업무를 담당한 관서다. 소속 직원은 국장 1명, 서기 몇 명이 있다.

노동국

노동국은 대한민국임시정부의 노동과 근로에 관한 업무를 담당한 중앙행정기관으로 비서과, 시설과施設課, 구제과가 소속되었다.[43] 노동국 총괄 책임자인 노동총판은 노동국의 사무를 담당했다. 노동총판 아래에는 차관 1명, 과장 3명, 참사 1명, 서기 몇 명이 있다.[44]

노동국 소속 부서

시설과

시설과는 공장노동, 가내 수공업, 노동개선, 외국 노동자 유입, 노동시간 및 임금제도, 노동단체에 관한 업무를 담당한 관서다. 소속 직원은 과장 1명, 서기 몇 명이 있다.

구제과

구제과는 직업소개소, 실업자 이주, 토목건설 노동자, 노동쟁의 중재제도, 중재기관·조직 설치, 동맹파업에 관한 업무를 담당한 관서다.

---

43 노동국 비서과의 업무는 위의 국무원 설명에 소개된 비서국의 업무와 동일하다.
44 『대한민국임시정부자료집』 1 헌법·공보, 「대한민국임시정부 공보」, 대한민국임시정부공보 호외 1919.11.5.

소속 직원은 과장 1명, 서기 몇 명이 있다.

대한민국 임시정부 공보
국립중앙박물관 소장

대한민국임시정부
소속 외국 기관

구미위원부

　구미위원부歐美委員部는 1919년 미국 워싱턴에 설립된 대한민국임시정부의 외교담당 기관이다. 독립운동가 서재필徐載弼(1864-1951)이 1919년에 필라델피아에 외교통신부를 설치했다. 대한민국임시정부는 같은 해 7월 16일 서재필을 외교전권특사로 임명해 정부의 공식 대표로 삼았다. 이와 별개로 이승만은 한성정부(1919년 4월 서울에 세워진 임시정부)의 집정관총재執政官總裁 자격으로 1919년 5월 워싱턴 콘티넨탈 빌딩에 집정관총재사무소를 설치해 외교활동을 전개했다. 이승만은 같은 해 8월 25일에 집정관총재사무소를 한국위원회로 바꾸고 9월에는 구미위원부로 개편했다.

구미위원부는 미국 각지에서 시행할 업무를 수행하는 기관으로 이승만이 대통령으로 당선된 후 필라델피아의 통신부와 주파리위원부[45]를 이어 유럽과 미국에서의 외교업무를 주관하게 했다.[46] 구미위원부는 이승만이 자의로 설치하고 독단적으로 운영한 탓에 대한민국임시정부와 다툼이 잦았다. 구미위원부는 이승만이 대통령직을 사임한 후에도 계속 대한민국임시정부의 외교 업무를 수행했으며, 1928년에 재정 문제로 해체되었다.

주미외교위원부

주미외교위원부駐美外交委員部는 1941년 6월 4일 워싱턴에 설치된 대미외교기관이다. 대한민국임시정부는 주미외교위원부를 설치함과 동시에 이승만을 주미외교위원장으로 삼고 대미교섭의 전권을 위임했다. 주미외교위원부는 1941년 태평양전쟁 발발 후 본격적으로 활동했는데 이때 이승만과 활동한 사람은 정한경鄭翰景(1891-?)과 이원순李元淳(1890-1993)으로 이들은 공식 위원으로서 미국에서 대외활동을 펼쳤다.

---

45 주파리위원부는 대한민국임시정부 주파리대표부로 파리를 거점으로 한국의 독립을 위한 외교활동을 펼쳤던 정부다. 1919년 3월 13일 김규식 및 여러 독립운동가들은 파리 제9구 샤토덩가 38번지에 대한민국임시정부 파리대표부 청사를 세우고 활동했다.
46 국사편찬위원회, 『한국사론』 권10, 국사편찬위원회, 1981.

이승만은 미국인들로 구성된 한미협회韓美協會, 기독교인친한회基督敎人親韓會와 같은 민간단체를 만들어 미국 정부와 교섭했다. 경비는 재미한족연합위원회在美韓族聯合委員會의 지원을 받아 해결했다. 주미 외교부 활동은 성과를 거두지 못했지만 조선의 독립 운동과 대한민국임시정부의 존재를 알리는 데 큰 역할을 했다.

한국광복군

한국광복군은 1940년 9월 17일 중국 충칭에서 조직된 대한민국임시정부 항일군대로 김구金九(1876-1949)의 주도 하에 창설되었다. 한국광복군은 일본제국주의 타도를 목적으로 창설되어 국내진공작전을 계획했지만 1945년 일본의 무조건 항복으로 무산됐고 1946년 6월에 해체되었다.[47]

독립대동단

독립대동단獨立大同團은 1919년 대한민국임시정부를 지원하기 위해 서울에 조직된 비밀 독립운동 단체다. 주요 활동은 상하이 임시정부 지원, 독립운동 자금 모집이다.

....
[47] 국내진공작전은 국외에서 군대를 양성하여 국내로 진격해 일제를 타도하려는 무장항일운동작전이다.

독립단

독립단獨立團은 대한민국임시정부의 산하단체로 조선인 친일 세력을 제압하기 위해 친일 부역자들에게 조선인 본연의 자세로 돌아오라고 경고문을 전달하는 일을 맡았다.

신흥무관학교

신흥무관학교新興武官學校는 1919년 5월 3일 만주에 설립된 독립군 양성학교로 각지의 애국 청장년을 모아 무장독립운동가로 양성하는 데 힘썼다. 신흥무관학교 강습소의 본관 건물을 세우기 위해서는 토지 매수를 위한 막대한 경비와 인력이 필요했다. 이에 신흥무관학교의 교관이었던 이석영李石榮(1855-1934)이 소유 전답 6,000석을 매각한 돈으로 경비를 충당했고, 이시영李始榮(1869-1953)은 전 재산을 팔아 일부를 신흥강습소 설립에 기부했다.

신흥무관학교에서 군사를 교육하기 위해 사용한 교과서는 일본군의 병서와 중국군의 병서를 융합하여 우리에게 맞게 새로 만든 것들이었다. 신흥무관학교는 군사교육뿐만 아니라 인재 양성도 중요시하여 국어, 국사, 지리교육도 시행했다. 신흥무관학교 출신 학생들은 대부분 무장독립운동단체에 들어가 활동했고 대한민국임시정부 산하의 광복군이 되어 전국에서 활발히 활동했다.

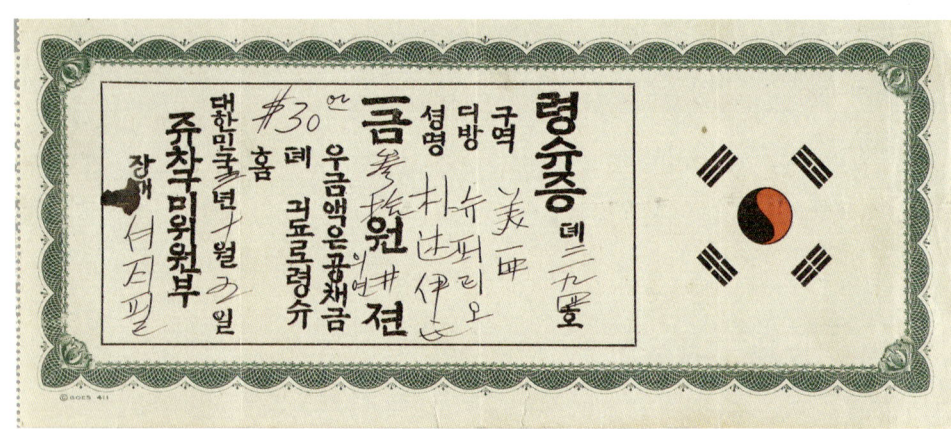

의연금 영수증
국립중앙박물관 소장

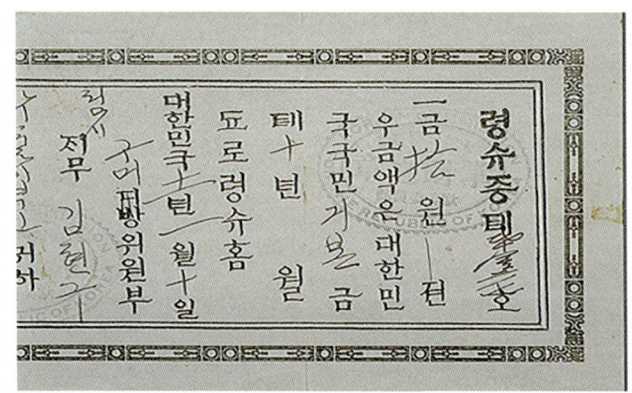

대한민국임시정부 기부금 영수증
국립중앙박물관 소장

國內外同胞에게 告함

親愛하는 國內外同胞姉妹兄弟여 과시스토-强盜의 最後의 堡壘를 死守하던 日本帝國主義者는 九月二日에 降書에 서명하였다. 이에 對하여 우리 三千萬韓國民族은 日本帝國主義者의 敗亡으로 因하여 擧世가 깃버하는 中에 있어서 祖國의 解放을 眼前에 目睹하면서 三十年間을 奮鬪하여 온 本政府로서 莫大한 感想과 興奮을 禁할 수 없는 바이다…

(이하 본문 — 임시정부 당면정책 14개조 개요)

臨時政府 當面 政策

一, 本臨時政府는 最速期間內에 入國할 것
二, 우리民族의 解放 및 獨立을 爲하여 血戰한 中, 美, 蘇, 英 等 友邦民族으로 더부러 協力하여 世界의 安全과 和平을 實現함에 協力함
三, 聯合國中에 重要國家인 中, 美, 蘇, 英, 佛 五强과 切實히 友好協定을 締結하고 外交途徑을 開하기를 期함
四, 蒙古 및 태평양 각 민족과도 우호적 단결을 촉성할 것
五, 國內過渡政權이 成立되기 前에는 國內 一切 秩序와 對外 一切關係를 本政府가 負責維持할 것
六, 前記 任務를 達成하기 爲하여 本政府의 擴大强化와 國內 각 혁명동지와 혁명단체가 愛心聯合하여 臨時的 聯合 機構를 설치할 것, 단 군사와 외교방면에 있어서는 특히 본정부의 유일한 통합기능을 발휘할 것
七, 國內 過渡政權이 建立된 즉시 本政府의 任務는 완료된 것으로 인하고 본정부의 일체 직능 및 소유 물건은 과도정권에 교환할 것
八, 國內 過渡政權은 國內외 각 계층 각 혁명당파 각 종교집단 각 지방대표와 저명한 각 민주영수회의를 소집하여 결정할 것
九, 國內에 건립된 정식정권은 반드시 독립국가 민주정부 균등사회를 원칙으로 한 신헌장에 의하여 조직할 것
十, 교포의 안전과 귀국을 보장할 것
十一, 敵의 일체 法令의 無效와 新法令의 유효를 선포하는 동시에 敵의 통치하에 發生된 一切 罪犯을 嚴重히 處分할 것
十二, 敵產을 沒收하고 敵僑를 처리하되 본정부의 法令에 依하여 處理할 것
十三, 韓籍軍人을 國軍으로 編入하되 士兵과 下級將校는 嚴密한 심사를 거쳐 개별적으로 処理할 것
十四, 獨立運動을 방해한 자와 賣國賊에 대하여는 公開的으로 嚴重히 處分할 것

大韓民國二十七年九月三日

大韓民國臨時政府
國務委員會主席 金 九
(大韓民國臨時政府特派事務局)

7

독립
운동
단체

국내 독립운동단체

대동청년당

대동청년당大東靑年黨은 1909년 청소년을 중심으로 조직된 비밀독립운동단체로 1920년대까지 활동했으며 이후 언제 해체했는지 알 수 없다. 구성원은 청소년 80여 명으로 대부분 경상도 일대에서 근대적 교육을 받은 자들이었다.

청년학우회

청년학우회靑年學友會는 1909년 안창호가 조직한 청년단체다. 청년학우회는 민족독립을 위한 청년 교육을 목적으로 설립되어 청년들을 교육했다.

신민회

신민회新民會는 1907년 경제적 국권 회복을 위해 국내에서 결성된 비밀결사로 윤치호尹致昊(1866-1945), 안창호, 장지연張志淵(1864-1921), 신채호, 박은식朴殷植(1859-1925), 이동휘李東輝(1873-1935) 등이 참여했다. 신민회는 대성학교大成學校[1]를 설립해 교육활동에 집중했고, 회사를 설립해 실업장려운동을 전개했으며 계몽운동을 위한 신문 『대한매일신보大韓每日申報』, 잡지 『소년少年』을 편찬해 서적과 잡지 출판운동을 했다. 신민회 회원수는 800여 명으로 상당히 규모가 큰 단체였다.

---
1 대성학교는 1908년 안창호가 평양에 설립한 중등교육기관이다.

풍기광복단

풍기광복단豊基光復團은 1910년대 경상북도 풍기에서 결성된 항일운동단체로 해외독립운동기지 건설과 관련하여 독립군 군자금 모집과 국내외 연락활동을 주로 했다. 1915년 조선국권회복단朝鮮國權恢復團 일부 인사와 영남에서 활동하는 항일세력과 규합하여 대한광복회로 발전했다.

경학사

경학사耕學社는 1911년 4월에 조직된 독립운동단체로 민족의 독립과 농업을 장려하고 민족을 교육하고자 세워졌다. 1910년 무단통치체제로 일본의 감시가 심해지자 양기탁梁起鐸(1871-1938), 안태국安泰國(1880-1920), 김구, 이승훈李昇薰(1864-1930) 등이 각 도의 책임자를 선정해 군자금을 조달하고 그해 여름에 이회영李會榮(1867-1932), 이동녕, 주진수朱鎭洙(1878-1936), 강유순과 함께 만주로 가 독립운동 기지를 물색했다. 경학사는 1910년 말부터 1911년 초까지 각 도의 대표인사 100여 명과 함께 간도로 이주했고, 간도에서 무장독립전쟁을 준비하던 삼원보三源堡 주변 토지를 사 독립운동을 위한 건물을 세웠다. 1911년부터는 식산흥업, 교육구국론 등 계몽운동을 중심으로 교육을 시행했다. 하지만 사업은 순조롭지 않았고 일제의 탄합으로 결국 해산되었다.

대한독립의군부

대한독립의군부大韓獨立義軍府는 1912년 고종의 밀명을 받고 조직된 독립운동단체다. 주요 활동은 국권반환요구서와 국권반환요구전화 준비였다. 서울을 시작으로 전국으로 조직되었지만 1914년 단원이 붙잡히며 조직이 발각되어 해체되었다.

천도구국단

천도구국단天道救國團은 1912년 서울에서 조직된 독립운동단체로 천도교인들 중심으로 참여했다.

재건달성친목회

재건달성친목회再建達城親睦會는 1913년 1월 대구 안일암安逸庵에서 결성된 항일비밀결사다. 재건달성친목회는 태궁상점太弓商店(대구), 백산상회白山商會(부산) 등 곡물 또는 잡화를 수출입하는 무역상을 설립해 국내외 독립운동 단체와 연락하고 자금을 지원했다. 1919년 6월 일제에 발각되어 소속 회원 36명이 체포되면서 해체되었다.

기장광복회

기장광복회機張光復會는 부산광역시 기장군에서 활동한 항일 비밀 결사단체다. 언제 설치되었는지 알 수 없고, 군자금을 모아 국외로 보내는 일을 했다.

새배달모듬

새배달모듬은 1914년 대구광역시 동구 신암동에서 조직된 항일비밀결사다. 이들은 식민통치에 저항하고 민족의 힘으로 조선의 광복을 이룩하자는 목적을 갖고 활동했다.

조선국민회

조선국민회朝鮮國民會는 1914년 미국으로 건너간 평양 숭실학교崇實學校 출신 장일환張日煥(1886-1918)이 하와이국민회의 박용만朴容萬(1881-1928)과 국내와 미주 및 만주를 연결하기 위해 1915년에 조직했으며 숭실학교 재학생과 졸업생이 중심이 되어 활동한 항일 비밀결사

단체다. 조선국민회는 재미국민회 및 해외동포와 연락을 도모하고 간도로 진출해 회원을 모집했다.

조선산직장려계

조선산직장려계朝鮮産織奬勵契는 1915년 경성고등교원양성소 재학생 중심으로 조직된 항일 비밀결사조직체로, 일본으로 수학여행 간 양성소 학생들이 일본의 근대 문물을 보고 경제 자립의 중요성을 자각하여 설립되었다. 이들은 활동을 본격화하던 1917년에 일본 경찰에 발각되어 해체되었다.

대한광복회

대한광복회大韓光復會는 1915년 대구에서 결성된 항일독립운동 단체로 군자금 모집, 친일부호 처단, 독립군 양성이 주활동이었다. 대한광복회는 대구를 기점으로 경상도, 충청도, 경기도, 강원도, 황해도로 확대되었다. 하지만 1918년 전국의 조직망이 발각되면서 주요 인물이 사형당해 조직이 파괴되었다.

조선국권회복단

조선국권회복단朝鮮國權恢復團은 1915년 1월에 독립군 지원을 위해 결성된 항일 비밀결사단체로 경상북도에서 조직되었다. 주요 활동은 군자금 모집, 4.3창원만세운동, 파리강화회의 제출용 청원서 작성이다. 조선국권회복단에서 모은 자금은 대한민국임시정부로 송금되거나 국내 독립단체에 전달되기도 했다. 이후 일본경찰에 발각되어 조직이 해체되었다.

선명단

선명단鮮命團은 1915년 서울에서 조직된 독립운동단체로 일제 주요 요인의 암살을 위해 결성되었다. 선명단은 유학교육을 받은 30여 명이 서울 변두리에 모여 비밀리에 결사했다. 하지만 얼마 지나지 않아 서울 종로경찰서 형사에게 활동이 발각되어 관련자가 체포된 후 해산되었다.

자진회

자진회自進會는 1918년 경기도 지역에서 조직된 독립운동단체다. 국권회복을 위해 자발적으로 조직된 자진회는 경기도와 황해도에서 제

1차세계대전(1914-1918) 이후 민족투쟁을 결심한 뜻 있는 청년들이 모여 결성했다. 이들은 3.1운동 때 국민단합대회를 주도하기도 했다.

대한독립애국단

대한독립애국단大韓獨立愛國團은 1919년 5월 서울에서 조직된 독립운동단체로 주로 독립운동 자금 모집, 만세 시위 운동을 주도했다. 이후 전국적으로 전파되어 전라도, 충청도, 강원도로 조직이 확대되었다. 같은 해 1월 본부 단장인 신현구申鉉九(1882-1931)가 체포되면서 강원도 조직이 발각되고 전라도와 충청도도 차례대로 일본 경찰에 노출되면서 해체되었다.

대한국민회

대한국민회大韓國民會는 1919년 3.1운동 이후 평양에서 결성된 항일비밀결사다. 기독교인 중심으로 설립된 대한국민회는 상해 대한민국 임시정부와 연락하며 독립운동을 전개했다. 본부를 평양에 두고 각 군에는 군회郡會, 각 면에는 향촌회鄕村會를 두어 조직한 대한국민회는 회비로 3원씩 받아 군자금으로 썼고, 기관지 『대한민보大韓民報』를 발행했다.

대한민국청년외교단

대한민국청년외교단大韓民國靑年外交團은 1919년 서울에서 조직된 항일비밀단체로 청년외교단 또는 청년외교회라고도 불렸다. 대한민국청년외교단은 대한민국임시정부에 국내 상황을 보고하고 자금을 모아 전달하며 인쇄물을 배포하는 등 국내 중심으로 활동했는데 특히 북서지방에 집중되었다. 하지만 같은 해 11월에 경상북도 경찰부에서 대한민국청년외교단 조직원 이병철李秉徹(?-?)의 활동을 탐지해 소속 단원 대다수를 붙잡아 결국 단체는 해산되었다.

주비단

주비단籌備團은 고관직에 있던 이민식李敏軾(1875-1934)이 1910년 나라의 국권이 상실된 이후 일제의 한국 침략에 분노하여 항일독립운동을 준비하던 중 동지 장응규張應圭, 여준현呂駿鉉, 안종운安鍾雲, 심영택沈永澤, 조경준趙景俊, 소진형蘇鎭亨, 신석환申奭煥, 이철구李哲求, 정인석鄭寅錫, 이규승李奎承을 만나 조직 기반을 마련했다. 1919년 3.1운동으로 대한민국임시정부가 설치되자 이민식은 대한민국임시정부의 원조와 연락을 담당하며 동지들과 함께 주비단을 설립했다. 주비단의 주업무는 독립운동 자금 모금이었다. 하지만 주비단에서 모은 돈은 6,000원 정도밖에 되지 않았고, 설상가상으로 자금 모금 중 일본 경찰에게 들켜 결국 큰 성과를 거두지 못하고 해산하게 되었다.

철원애국단

철원애국단鐵原愛國團은 1919년 8월 강원도 철원에서 조직된 항일 독립운동단체다. 이들은 지방 독립운동 현황을 대한민국임시정부에 보고하는 일 및 임시정부로부터 전달된 각종 문서 반포 등을 이행했다. 1920년 일본경찰에게 단원들이 체포되면서 해산되었다.

일신단

일신단一身團은 경상남도 하동군에 있던 독립운동단체로 3.1운동을 본받아 금남면민과 고전면민 33명이 조직했다.

혈복단

혈복단血復團은 1919년 11월 서울에서 조직되어 경기도 수원에서 활동한 비밀결사다. 대한민국임시정부 특파원 김태원金泰元(1870-1908)이 조직하여 독립운동 자금 모집과 민족의식 고취를 목적으로 삼았다. 이후 1920년대에 혈복단을 구국민단救國民團으로 개칭했다.

한민회

한민회韓民會는 1919년 평남 대동군에서 대한민국임시정부에 보낼 군자금 모금과 친일파 암살을 목적으로 결성된 항일독립운동단체다. 1920년 간부들이 일본 경찰에게 체포된 후 해체되었다.

보합단

보합단普合團은 1920년 평안북도 의주에서 활동한 항일 무장 독립운동단체다. 보합단은 군자금 모금, 일본인 군인과 경찰을 암살할 암살대 조직, 친일 밀정과 민족 반역자 처단, 식민지 통치 기관 습격 등 무장 투쟁을 집중적으로 벌였다. 1920년 12월 밀정의 밀고로 조직원 20명이 체포되면서 조직이 축소되었고, 1923년 서로군정서西路軍政署[2], 대한독립단大韓獨立團[3], 광복군총영光復軍總營[4]과 함께 대한통군부大韓統義府[5]에 통합되었다.

---

2   서로군정서는 안동 출신 인사들이 참여하여 서간도 유하현 삼원포에 조직한 독립운동 단체다.
3   대한독립단은 1919년 만주에서 결성된 항일독립운동단체다.
4   광복군총영은 1920년 서간도 안동현에서 조직된 독립운동단체다.
5   대한통의부는 1922년 8월 만주에서 조직된 항일독립군단체다.

구국민단

구국민단救國民團은 1920년 수원에서 조직된 독립운동결사다. 수원군 동면 남창리에 살던 학생 박선태朴善泰(1901-1938)는 수원군 일형면 하광교리에 사는 학생들과 함께 조선독립사상을 전파하는 활동을 하다가 1920년에 여학생들을 동지로 포섭해 구국민단을 조직했다. 구국민단은 수원에서 활동했고, 특히 여학생들은 간호부가 되어 대한민국임시정부로 가는 것을 목표로 했다. 하지만 이들은 모두 일본경찰에 체포되어 실형 또는 유예선고를 받았다.

대한독립후원의용단

대한독립후원의용단大韓獨立後援義勇團은 해외 독립군에게 군자금을 조달하기 위해 만들어진 단체로 1922년 대구에서 군자금 모금 관련 서한이 발각되면서 세상에 드러났다. 1922년에 모은 자금은 37만 원으로 3차례에 걸쳐 서로군정서로 송금했다.

흥업구락부

흥업구락부興業俱樂部는 1925년 기독계의 항일민족주의운동 단체로 이승만이 설립한 재미 한인단체를 지원하기 위해 세워졌다.

비밀결사단

비밀결사단秘密結社團은 1925년 경상북도 출신 조재만曺再萬(1906-?)이 대구에 조직한 비밀결사다.

신간회

신간회는 1926년 6월 10일 순종의 장례일을 계기로 일어난 6.10만세 운동에 자극받아 1927년 2월 민족주의 좌파와 사회주의자들이 연합하여 서울에 세운 항일 단체다. 신간회는 민족주의 지식인들을 중심으로 국민의 실력을 키워 독립을 준비하는 실력 양성 운동을 펼쳤다. 신간회는 서울을 본부로 두고 전국에 120~150개 지회를 가졌으며 2만~4만 명에 이르는 회원이 있었다. 신간회는 민간대회를 통해 민족해방 운동을 하고자 했지만 일본 경찰에 의해 중지되었고 간부들이 구속되기도 했다. 그러다 1931년 5월 16일 조선중앙기독교청년회에서 대의원 77명이 참석한 가운데 해소대회를 열어 해산을 결의하여 1931년에 해산했다.

조선개척사

조선개척사朝鮮開拓社는 1928년 경기도 수원에서 조직된 독립운동 단체로 수원고등농림학교水原高等農林學校 재학생들 중심으로 농촌개발을 위해 세워진 계림흥농사鷄林興農社를 개편하면서 조선개척사를 설립했다. 조선개척사는 국내외에서 활동하는 농학도들을 중심으로 협동농장을 건설하고 농업기술향상과 농촌문화를 만들며 농촌 강화에 힘썼다. 하지만 1928년 9월 일본경찰에게 발각되어 주동자 11명이 퇴학처분을 받았다. 이에 항의한 한국인 재학생 44명이 자진 퇴학하면서 사건이 널리 알려졌다.

ㄱ당

ㄱ당은 1928년 5월 대구에서 조직된 항일비밀결사다. ㄱ당은 만주지역의 독립군을 보강하고 지원하는 일을 했다. 하지만 활동 자금을 위해 활동하던 중 일본 경찰에게 발각되어 조직원 전원이 체포되면서 해산되었다.

독서회

독서회讀書會는 1929년 광주에서 학생들이 조직한 비밀결사로 1929년 11월 3일 광주학생독립운동을 주도했다.[6] 이 운동으로 독서회가 탄로나 학생 90명이 재판을 받으면서 광주 독서회 활동이 중단되었지만, 전국적으로 독서회 조직이 생기면서 1930년대 학생운동의 핵심 단체가 되었다.

오심당

오심당吾心黨은 1929년 한반도 북부에서 활동하던 천도교청년회가 조직한 독립운동단체다. 오심당은 1931년에 일어난 만주사변滿洲事變에 국제적 위기를 실감하여 1935년~1936년 대규모 항일독립운동을 계획하고 자금을 모금했다.[7] 당원은 천도교의 독실한 청년교도 중에서 선발했다. 간부들은 소련과 중국, 일본에서 정보를 수집했다. 1938년 초 일제에 발각되기도 했지만 계속 활동을 이어나가 만주지역 독립군의 국내진공작전을 시원했다.

---

6   광주학생운동은 1929년 광주 지역의 학생이 주도하여 일으킨 항일독립운동이다. 1929년 10월 30일 광주와 나주를 오가는 열차에서 일본 남학생이 한국 여학생의 댕기 머리를 당기며 놀렸는데, 이를 본 한국 남학생이 일본 남학생에게 따졌지만 일본 경찰이 일본 학생 편을 들었다. 이 일로 한국 학생들은 11월 3일에 일본에 대한 분노를 표출한 광주학생운동을 일으켰다.
7   만주사변은 1931년 9월 18일에 일본 관동군이 군사를 일으켜 만주를 침략·점령한 사건이다.

이천자유회

이천자유회伊川自由會는 1929년 강원도 이천에서 조직된 무정부주의 운동단체로 이은송李殷松을 중심으로 청년 100여 명이 소속되었다.

백청단

백청단白靑團은 1930년대 광주에서 활동하던 학생독립운동단체다. 1개월에 한 번씩 모여 인문, 사회 과학에 관한 책을 선정해 토론하는 형식으로 모임을 지속했다. 토론 내용은 일기장에 기록했다. 하지만 1933년 1월 9일 방학 중 학교에서 독서토론을 하다 검거되는 바람에 이후 활동이 모두 중단되었다.

소척대

소척대蘇拓隊는 경성공립농업학교京城公立農業學敎 한국인 학생들이 만든 항일학생운동단체다. 학생들은 일제의 식민지 교육과 민족차별 교육에 반대하여 동맹휴학, 등교거부로 투쟁하다가 비밀결사 소척대를 조직해 병사부, 출판부, 조직부 등 부서를 만들고 활발히 활동했다. 하지만 1932년 조직이 발각되어 소속 학생 19명이 잡혀가면서 해산되었다.

한인애국단

한인애국단韓人愛國團은 대한민국임시정부가 일제의 주요 인물을 제거하기 위해 1931년 중국 상하이에서 조직한 항일독립운동단체다. 한인애국단 소속 독립운동가는 김구를 중심으로 김석金晳(1910-1983), 안공근安恭根(1889-1940), 이수봉李秀峰, 이유필李裕弼(1885-1945) 등이 간부, 단원으로는 유상근柳相根(1910-1945), 유지만兪鎭萬(1912-1966), 윤봉길尹奉吉(1908-1932), 이덕주李德柱(1908-1935), 이봉창李奉昌(1901-1932), 최흥식崔興植(1909-1932) 등이 있다.

한인애국단은 1931년 말 일본 국왕을 암살하기 위해 이봉창을 도쿄로 비밀리에 잠입시키면서 본격적인 활동을 시작했다. 1932년 1월 8일 일본국왕 히로히토裕仁(1901-1989)가 만주 괴뢰국 부의溥儀(1906-1967)와 함께 도쿄 교외에서 관병식을 마치고 궁으로 돌아가는 길에 사쿠라다문 앞에 도달하자 이봉창이 폭탄을 던졌다.[8] 하지만 명중시키지 못해 암살은 실패했다. 발각된 이봉창은 그해 10월에 사형당했다.

1932년 4월 29일에는 윤봉길이 상하이 훙커우공원에서 거행된 전승 기념 겸 천황탄생일 기념식장에 잠입하여 식이 진행되던 단상에 폭탄을 던져 시라카와白川義則 사령관, 우에다植田謙吉 육군대장, 노무라野村吉三郎 해군중장, 시게미쓰重光葵 주중공사 등 7명이 현장에서 즉

....
8 부의는 중국 청조의 마지막 황제로 3세에 즉위하고 6세에 퇴위, 1924년에 일본공사관으로 쫓겨나 살다가 1934년에 만주국 황제가 되었다.

근대 207

사 또는 중상을 입었다. 당시 중국에서도 '2억 중국인이 하지 못한 일을 한국인 한 사람이 해냈다.'라고 칭송할 정도로 성공적인 의거였다. 윤봉길은 현장에서 바로 체포되어 처형당했다.

이 밖에 1932년 4월 이덕주와 유지만이 조선총독을 암살하려다 실패했고, 최흥식과 유상근이 다롄에 도착하는 국제연맹 조사단원을 마중 나온 일본 고관을 암살하려다 발각되는 일도 있었다. 이외에도 여러 곳에서 일제 주요 인물 암살을 시도했다.

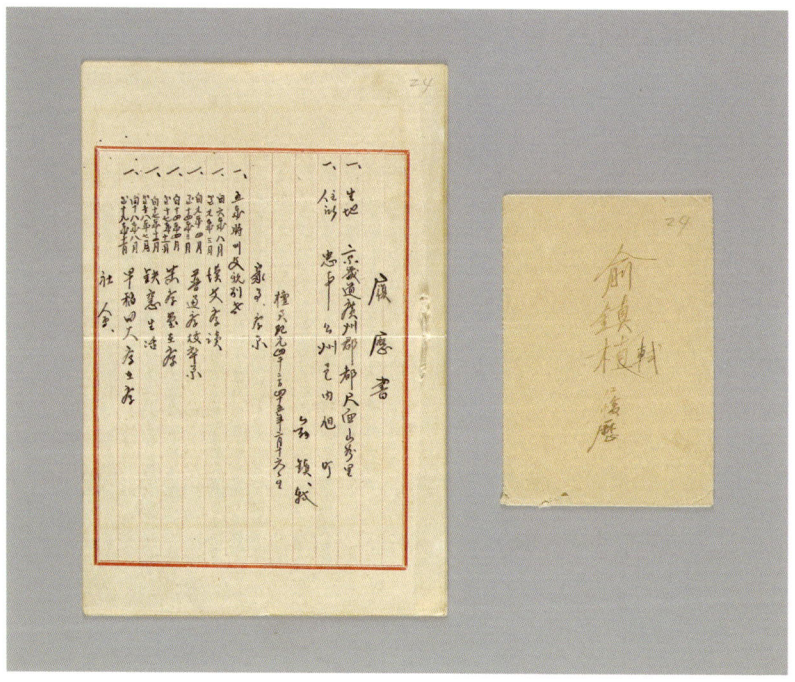

한인애국단원 이력서 및 봉투, 국립중앙박물관 소장

宣誓文

나는赤誠으로써祖國의獨立
과自由를回復하기爲하야韓人
愛國團의一員이되야敵國의首
魁를屠戮하기로盟誓하나이다

大韓民國十三年十二月三日宣誓人
韓人愛國團앞

李奉昌

청년동지회

청년동지회青年同志會는 1932년 4월 대구고등보통학교大邱高等普通學校 학생들이 고향에 내려와 조직한 독립운동단체로 농촌계몽과 소비조합운동을 통해 민족의식을 고취시키고자 했다. 이들은 고향에서 야학을 열어 한글을 가르쳤다. 하지만 1938년 2월 19일 회원들이 일본 경찰에 체포되어 해산되었다.

창유계

창유계暢幽契는 1939년 울진에서 조직된 사회주의 계열 독립운동단체로 비밀리에 결사되었다. 창유계는 일제의 패망과 공산주의 사회 실현에 일조할 자금을 모으고자 했다. 창유계는 계장 1명과 계원 15명으로 구성되었다.

대구상업학교 태극단

대구상업학교大邱商業學校 태극단太極團은 1940년대 대구상업학교 학생들 중심으로 조직된 항일독립운동단체다. 태극단은 일반 조직과 특수 조직으로 구성되었다. 일반 조직은 육성부 아래 관방국, 체육국, 과학국을 두었고 산하로 군사부, 무도부, 경기부, 등산부, 항공부, 박물부, 이화부 등 10개 부서를 두었다. 이들은 학교 단위로 조직을 확대해 무장 항일투쟁을 준비하고, 중국으로 집단 망명해 독립운동을 계속할 계획도 세웠다.

무궁단

무궁단無窮團은 1940년대에 부산에서 결성된 학생독립운동단체로 김한경金漢經, 박이청朴二淸, 오성식吳成軾을 포함한 부산제2상업학교 釜山第二商業學校 32회 졸업생 20~30명이 모여 결성했다. 그들의 목적은 독립과 항일자주사상 및 한국사 위주 역사 교육, 한국인 교사 증원이었다. 1944년에 조직이 발각되어 전원이 부산진경찰서에 체포되어 취조를 받았다.

흑백당

흑백당黑白黨은 1942년 서울에 조직된 학생독립운동단체로 서울과 경기 지역 학생들로 결성되었다. 흑백당은 일본의 패망이 가까워지자 일본인 거주지 방화와 친일파 처단을 목표로 활동했다.

조선독립청년당

조선독립청년당朝鮮獨立靑年黨은 1942년 장덕수張德秀가 주도하여 만든 독립운동 비밀결사 단체다. 조직에 가담한 조직원은 직장, 학교, 우유배달단체, 신문배달단체 소속이었다.

건국동맹

건국동맹建國同盟은 1944년 8월 10일 일본의 패전이 확실시되던 무렵 여운형呂運亨(1886-1947)을 중심으로 조국 광복에 대비하기 위해 설립된 비밀결사다. 이들은 전국적으로 조직을 넓혀 일본군에 대응할 군대를 준비하기도 했다. 1945년에 건국동맹 간부들 몇 명이 일본 경찰에 체포되긴 했지만 광복 후 바로 출옥하여 조선건국준비위원회에 편입되었다.[9]

---

9 조선건국준비위원회는 1945년 8월 15일에 결성된 광복 이후 최초의 정치단체다.

여성독립운동단체

송죽회

송죽회松竹會는 1913년 평양에서 조직된 비밀여성단체로 송죽결사대라고도 불렸다. 1913년 평양 숭의여학교崇義女學校 교사와 졸업생, 재학생이 모여 망명지사의 가족을 돕고 독립군 자금을 지원하며 전국 각지의 여학교에서 교편을 잡고 학생에게 민족의식을 고취하는 데 힘썼다. 초기 조직원은 숭의여학교의 교사 김경희金敬熙(1887-1919)와 황에스더黃愛施德(1892-1971), 졸업생 안정석安貞錫(1883-?) 등, 재학생 황신덕黃信德(1898-1983), 박현숙朴賢淑(1896-1980), 채광덕蔡光德, 이마대李馬大, 이효덕李孝德(1895-1978), 송복신宋福信, 김옥석金玉石, 최

근대 213

자혜崔慈惠, 서매물徐梅勿 등이 있다.

대한민국애국부인회

　　대한민국애국부인회大韓民國愛國婦人會는 1919년 대한민국임시정부를 지원하기 위해 조직된 항일여성단체로 서울 중심의 대한민국애국부인회, 평양 중심의 대한애국부인회, 상하이 중심의 대한민국애국부인회가 있다. 1919년 3월 중순 3.1운동 투옥지사들의 옥바라지를 목적으로 혈성단애국부인회血誠團愛國婦人會가 조직되었고, 4월에 대조선독립애국부인회大朝鮮獨立愛國婦人會가 등장했다. 두 부인회가 적극적으로 독립자금을 모았지만 부진하자 단체를 조직하자는 의견이 나와 김마리아金瑪利亞(1892-1944)를 포함한 17명의 여성들이 김마리아의 거처에서 장시간 비밀회합을 끝으로 대한민국애국부인회를 만들었다.

　　대한민국애국부인회는 서울을 본부로 삼고 지방에 지부를 조직해 부서를 개편했다. 본부 부서에는 회장 김마리아, 부회장 이혜경李惠卿(1889-1968), 총무 황에스더, 재무장 장선희張善禧(1893-1970), 적십자부장 이정숙李貞淑(1858-1935)과 윤진수尹進遂, 결사부장決死部長 백신영白信永과 이성완李誠完, 교제부장 오현주吳玄洲, 서기 신의경辛義卿, 부서기 김영순金英順 등이 있었다. 지부는 서울, 대구, 부산, 수원, 재령, 원산, 기장, 영천, 진주, 청주, 전주, 군산, 황주, 평양에 설치했고 각 지부에 결사대를 두었다. 하지만 1919년 11월 말 한 간부의 배신으로 서울과 지방의 간부 및 회원들이 경상북도 고등계 형사에게 체포되어 취조를 받았다. 대한애국부인회는 평양 중심으로 활동한 여성항일운동단체로 장로계 부인회와 감리교계 부인회가 연합하여 평양에 연합회 본부를 두고 지방에 지부를 두어 활약한 비밀결사다. 1920년 10월 15일에 군자금 송치로 간부들이 일본형사에게 검거되었다.

상하이 대한민국애국부인회는 서울 대한민국애국부인회를 계기로 1919년 10월 13일에 상하이에서 조직되었다. 이 부인회는 대한민국임시정부의 활동을 보조했는데, 대체로 태극기를 만들고 회의장을 준비하며 상장을 만드는 일을 했다. 1920년대 후반에는 일제의 감사로 대한민국임시정부의 활동이 위축되자 애국부인회도 활동이 약해졌지만 광복 때까지 대한민국임시정부를 보조하며 여성의 계몽교육 등 다양한 활동을 했다.

대한국민회부인향촌회

대한국민회부인향촌회大韓國民會婦人鄕村會는 1919년 10월 9일 평안남도 순천에서 조직된 여성독립운동단체로 대한민국임시정부를 지원하기 위해 예수교(개신교) 장년부인들이 모여 만들었다. 소속 회원들은 각각 4원씩 회비를 납부해 1원은 향촌회 비용으로 쓰고 나머지는 대한민국임시정부로 보냈다. 1921년 2월 27일 일본경찰에게 발각되어 회원이 모두 검거되었다.

부인관찰단

부인관찰단婦人觀察團은 1920년 9월 평안남도 안주에서 조직된 여성독립운동단체다. 부인관찰단은 대한청년단연합회大韓靑年團聯合會 부총재 김찬성金贊聖의 권유로 부인 30명이 빈민구제를 목적으로 조직했다.[10] 하지만 실제로는 회원들로부터 1원~5원의 회비를 모아 대한민국임시정부에 군자금을 보냈으며 1921년까지 총 100원을 전달했다. 1921년에 일본경찰에게 발각된 후 해산했다.

대한부인청년단

대한부인청년단大韓婦人靑年團은 1920년 평안남도 평원군에서 이재은李載恩, 조재생趙載生, 채시현蔡視鉉, 최봉은崔奉恩 등이 조직한 여성 항일독립운동 단체다. 1919년부터 평안남도 일대의 장로교와 감리교 등의 교회에서 여성 신도와 여교사들이 대한민국임시정부를 지원하는 독립운동단체가 활발히 조직되었다. 특히 평양을 본부로 두고 각지에서 활동하는 대한애국부인회, 대한국민회부인향촌회(평안남도 순천), 부인관찰단(평안남도 안주), 여자복음회(평안남도 개천군) 등이 큰 역할을 했다. 대한부인청년단은 다른 여성 단체의 영향을 받아 평안남도일대에서 지역 주민들에게서 모은 자금을 대한민국임시정부에 군자금으

....
10 대한청년단연합회는 1919년 만주에서 각 지역의 청년단체가 연합하여 결성한 독립운동단체다.

로 전달하고, 해외에서 활동하는 독립운동가들이 국내에 들어왔을 때 숙식과 여비를 제공했다. 하지만 1920년 10월 조직원 전원이 평안남도 강서경찰서에 검거되면서 해산되었다.

대한애국부인청년단

대한애국부인청년단大韓愛國婦人青年團은 1920년 평안남도 강서에서 조직된 여성독립운동단체다. 1920년 2월 대한독립청년단大韓獨立青年團 단장과 총무가 동지들과 함께 강서군 성대면에 국민향촌여자부國民鄉村會女子部를 결성해 독립군 자금을 모았다.[11] 이후 안인대安仁大, 최영반崔靈盤, 고유순高有順 등이 대한독립청년단 고문 김예진金禮鎭으로부터 국민향촌여자부를 발전시켜 대한독립청년단여자부大韓獨立青年團女子部로 개편할 것을 권유받아 같은 해 4월에 국민향촌여자부를 대한애국부인청년단으로 발전시켰다.

근우회

근우회槿友會는 1927년 5월에 조직된 항일여성운동 단체로 1927년에 신간회의 자매단체로 설립되었다. 근우회는 서울을 본부로 두고

---
11 대한독립청년단은 1920년 평안남도 지역에서 조직된 독립운동 단체다.

전국 각지 및 일본과 만주 등에 지부를 두었다. 회원은 만18세 이상이었고, 입회금 1원과 매월 20전 이상의 회비를 납부해야 했다. 1929년 기준 회원수는 2,971명에 이르렀는데 가정부인 1,256명, 직업부인 339명, 학생 194명, 미혼여성 181명, 노동여성 131명, 농촌여성 34명이었다. 근우회는 1931년에 해산되었다.

적광회

적광회赤光會는 1930년대 일제의 식민통치를 거부하는 전주여자고등보통학교全州女子高等普通學校 재학생들로 조직된 학생항일운동단체다. 적광회는 특별한 실적 없이 회원 다수가 일본 경찰에게 잡히며 해산되었다.

해외에서 활동한 독립운동단체

권업회

권업회勸業會는 1911년 러시아 블라디보스토크에서 조직된 항일독립운동단체로 『권업신문勸業新聞』 창간, 민족정신 고양, 교민 단결 등의 활동을 했다.[12] 회원은 1913년 2,600명, 1914년 8,579명이다. 하지만 1914년 러시아에서 대일관계의 악화를 우려해 강제로 해산시켰다.

....
12   권업신문은 1912년 러시아 블라디보스토크에서 창간된 한인신문이다.

신흥학우단

신흥학우단新興學友團은 1913년 만주에서 신흥무관학교 졸업생들을 주축으로 결성한 독립운동단체다. 이들은 만주 독립운동의 중추적인 역할을 했다. 1920년 일제의 탄압으로 더 이상 신흥무관학교 졸업생이 나오지 않자 자연스럽게 해체되었다.

대조선국민군단

대조선국민군단大朝鮮國民軍團은 1914년 6월 10일 하와이 오아후섬 코울아우 지방 카할루우와 아후이마누 농장에서 독립군사관을 양성할 목적으로 만든 군사교육단체다. 하지만 하와이내 농장 불경기와 운영 재정 조달 어려움으로 1917년에 해체되었다.

대한광복군정부

대한광복군정부大韓光復軍政府는 1914년 러시아 블라디보스토크에서 권업회를 이끈 이상설李相卨(1870-1917)을 중심으로 조직된 망명정부다. 광복군 양성을 목적으로 했으나 세계1차대전이 일어나자 러시아 정부가 일본과 공동방위체제를 갖추어 우리나라 사람의 활동을 모두 금지한 탓에 해체되었다.

대한국민의회

대한국민의회大韓國民議會는 1919년 3월 17일 러시아 블라디보스토크에서 건립된 임시정부 성격의 단체다. 3.1운동을 계기로 설치되었지만 일본군이 블라디보스토크와 부근 도시 일대를 공격하여 독립운동가들을 체포하고 가택을 수사하자 한인들과 대한국민의회가 블라디보스토크에 있을 수 없게 되어 1920년에 해체되었다.

서로군정서

서로군정서西路軍政署는 1919년 5월 만주에서 조직된 무장독립운동단체. 1919년 1월 부민단扶民團의 제도를 이어받은 한족회韓族會가 조직되었고, 이들은 1919년 3.1운동에 자극받아 군정부를 따로 조직했다.[13] 한족회는 민족학교 및 신흥무관학교와 같은 교육기관을 통해 독립군을 양성하고 군자금을 모아 무기를 구입하며 일제와 무장항쟁을 준비하기 위해 군정부를 세웠다. 3.1운동 후 국내에서 몰려오는 청소년과 이주한인사회의 사제들을 모아 신흥무관학교에서 군사훈련을 시키고 군정부의 주요기구인 독판부督辦部와 정무청政務廳 및 의회를 구성했다. 하지만 대한민국임시정부의 수립과 더불어 군정부 명칭의 문제로 5월에 대한민국임시정부 관할하의 서간도 군사기관 서로군정서로

---

[13] 부민단은 1912년 만주 통화에서 조직된 기관이다.

개편되었다.

서로군정서는 서간도에 거주하는 한인들로부터 군자금을 모으거나 특파원을 파견해 군자금을 획득했다. 신흥무관학교에서 양성한 독립군으로 군내 및 서간도 지역의 친일 세력을 제거하고 국내의 일본 경찰 주재소와 관공서를 습격하는 활동을 전개했다. 하지만 1920년 청산리 전투와 간도참변[14]으로 독립군 기지는 물론 한인사회에도 큰 피해를 보면서 서로군정서가 점차 와해되었고, 1922년 1월 대한통군부의 결성으로 한족회와 서로군정서가 해체되었다.[15]

의열단

의열단義烈團은 1919년 11월 만주 지린성에서 조직된 항일 무장독립운동단체로 1920년대 일본 고관 암살과 관공서 폭파 등의 활동을 했다.

신대한청년회

신대한청년회新大韓靑年會는 1920년 만주에서 조직된 독립운동단체로 자주독립을 위해 매월 1회씩 회합을 가졌다. 총 회원수는 350여

---

14   간도참변은 1920년 간도에서 한국인들이 일본군에 의해 무차별 학살당한 사건이다.
15   청산리 전투는 1920년 독립군 연합 부대가 청산리에서 일본군을 물리친 전투다.

명이며 15세 이상이어야 가입할 수 있었다.

무장단

무장단武裝團은 1920년 만주에서 모인 청장년 20여 명이 조직한 독립운동단체다. 이들은 무장독립운동을 전개했지만 구체적으로 어떻게 활동했는지는 알 수 없다.

고려공산당

고려공산당高麗共産黨은 1921년 중국 상하이에서 조직된 독립운동단체다. 공산주의 이념 하에 조직된 고려공산당은 시베리아의 한인을 반일운동에 규합하고 서부 시베리아의 한인을 볼셰비키(구소련 공산단의 별칭)전선에 동원했다.

다물단

다물단多勿團은 1925년 중국 베이징에서 조직된 항일비밀운동단체다. 단원은 주로 영남출신 청년으로 40~50명 정도였다. 이들은 친일밀정 처단, 군자금 모금, 1928년 지린에서 열린 전민족유일당조직회의에 대표 파견 등의 일을 했다.

한국독립당

한국독립당韓國獨立黨은 1930년 1월 25일 상하이에서 민족주의 계열의 인사들이 창립한 독립운동단체다. 설립자는 조완구趙琬九(1881-1952), 윤기섭尹琦燮(1887-1959), 김구, 엄항섭嚴恒燮(1898-?), 김홍숙金弘叔, 이시영, 옥성빈玉成彬, 김철, 안공근, 한진교韓鎭敎(1887-1973), 김갑金甲(1888-1933), 김두봉金枓奉(1889-1960), 선우혁鮮于赫(1882-?), 송병조宋秉祚(1877-1942), 조상섭趙尙燮, 이유필, 차이석車利錫(1881-1945), 김붕준金朋濬(1888-1950), 백기준白基俊(1887-1974), 박창세朴昌世, 최석순崔錫淳, 장덕로張德櫓(1884-?), 이탁李鐸(1889-1930), 강창제姜昌濟(1898-1965), 박찬익朴翊翊이 있다.

한국국민당

한국국민당韓國國民黨은 김구, 이동녕, 송병조, 조완구, 차이석, 안공근, 엄항섭, 이시영, 조성환曺成煥(1875-1948), 양우조楊宇朝(1897-1964) 등이 중국 항저우에서 창당한 정당이다. 한국독립당의 정신을 계승해 설치된 한국국민당은 한국의 고유문화를 살리고 서양 문화를 반대했다.

조선혁명당

조선혁명당朝鮮革命黨은 1930년대 만주에서 활약한 항일독립운동 단체로 1929년 9월 지린성에서 결성되었다. 출범 당시 현익철玄益哲(1890-1938), 현정경玄正卿(1886-1941), 이준식李俊植(1900-1966), 고이허高而虛, 최동오崔東旿(1892-1963), 장승언張承彦, 김보안金輔安, 고할신高轄信이 간부로 활약했다. 만주사변 이후 1932년 조선혁명당은 거점을 잃고 다른 독립운동단체로 분산되었다.

신한독립당

신한독립당은 1933년 난징에서 한국독립당과 한국혁명당이 합당하여 설립한 항일독립운동 단체다. 신한독립당은 민주공화국, 토지와 대생산기관의 국유화, 국민의 교육과 전문 인재 양성을 목표로 활동했지만 결성 후 별다른 활동을 못하고 통합된 단일정당조직을 주장했던 한국대일전선통일동맹韓國對日戰線統一同盟에 가담했다가 1935년 7월 5일 조선민족혁명당朝鮮民族革命黨 결성에 참여하면서 해산했다.

조선민족혁명당

조선민족혁명당은 1935년 6월 중국 남경에서 조직된 항일독립운동단체로 1932년 11월 김원봉金元鳳(1898-1958)의 의열단을 중심으로 조선독립당, 조선혁명당, 한국독립당, 신한독립당, 한국광복동지회의 당원과 회원이 모여 만들어졌다.

죽마계

죽마계竹馬契는 1940년 일본 도쿄에서 유학생들이 비밀리에 조직한 독립운동단체다. 이들은 연회비 2원을 냈고, 매학기 1회씩 야유회를 통해 단결과 친목을 도모했으며 1년에 한 번은 명사초청좌담회를 개최했다. 하지만 이듬해 4월 일본경찰에 회원 전원이 잡혀 해산되었다.

8

참고문헌

근대 2

조선왕조실록

『순종실록부록』

사료

『궁내청 서릉부 공문서문』

『일본제국직원록』

『주한일본공사관기록』

『통감부 공보』

『통감부문서』

『조선·대한제국 관보』

『조선총독부 관보』

『대한민국임시정부자료집』

서적

국사편찬위원회, 『한국사론』 권10, 국사편찬위원회, 1981.

김병기, 『대한민국임시정부사』, 이학사, 2019.

민족문제연구소, 『일제식민통치기구사전: 통감부 조선총독부편』, 민족문제연구소, 2017.

이기형, 『동양 여운형』, 신천문학사, 1983.

김대호, 「1910~20년대 조선총독부의 조선신궁건립과 운영」, 『한국사론』 제50집, 2004.

김승태, 「조선총독부의 종교정책과 신사」, 한국기독교역사연구소 소식, 2007.

양영석, 「대한민국 임시의정원 연구, 1919-1925」, 『한국독립운동사연구』 1, 1987.

유필규, 「1940년대 조선총독부 만주개척민지원자훈련소의 설치와 성격」, 『한국독립운동사연구』 제48집, 2014.

이왕무, 「대한제국 황실의 분해와 왕공족의 탄생」, 『한국사학보』 64, 2016.

장신, 「이왕직의 직제와 인사」, 『일제강점기 이왕직 연구』, 2021.